Das Trauerbuch für Eltern

Silia Wiebe Silke Baumgarten

Das Trauerbuch für Eltern

Was Müttern und Vätern nach dem Tod ihres Kindes geholfen hat

Inklusive Interview mit Verena Kast

Inhalt

Vorwort

Wir haben uns über die Trauer kennengelernt. Silia verlor zwei Kinder in der späten Schwangerschaft, Silkes behinderte Tochter war einige Jahre zuvor im Alter von neun Jahren gestorben. Trotz unserer unterschiedlichen Schicksale merkten wir, dass wir vieles ähnlich empfanden und uns gegenseitig stützen konnten. Aus unserer Arbeitsbeziehung entwickelte sich eine tiefe Freundschaft. Diese Erfahrung ermutigte uns zu diesem Buch.

Was trägt, wenn eigentlich nichts mehr trägt? Wie findet man nach dem Tod seines Kindes zurück ins Leben? Was hilft? Diese Fragen bewegten uns. Wir haben Antworten gesucht und mit anderen Eltern gesprochen, die ein Kind verloren haben. Sie haben uns ihre Erfahrungen geschildert, haben uns erzählt, was ihnen gutgetan hat – und was nicht. Herausgekommen sind sehr persönliche Protokolle.

Wichtig war uns, nichts zu bewerten, nichts wegzulassen. Wir möchten mit diesem Buch keine Ratschläge geben, sondern verwaiste Eltern ermutigen, ihren eigenen Weg zu suchen und zu gehen.

Wir trafen Eltern, bei denen der Todestag des Kindes schon einige Jahre zurückliegt, und andere, die gerade das erste schwere Jahr hinter sich hatten. Einige Mütter und Väter wollten möglichst schnell wieder zurück in den Alltag und in den Beruf, andere brauchten den geschützten Raum zu Hause und fürchteten den Lärm und die Geschäftigkeit der Kollegen. Manche fanden Trost im Glauben, andere suchten Unterstützung bei Therapeuten oder Gleichgesinnten, die Ähnliches erlebt haben. Deutlich wird: In der Trauer gibt es kein Richtig und kein Falsch.

Wir wissen: Auch wenn Eltern einen erwachsenen Sohn, eine erwachsene Tochter verlieren, stirbt für sie ihr Kind. In diesem Buch konzentrieren wir uns dennoch auf Kinder, die bis zu ihrem 18. Lebensjahr gestorben sind. Wir hoffen, mit unserem Buch auch dazu beizutragen, dass Angehörige und Freunde trauernde Eltern besser verstehen und unterstützen können. Denn Trauer hat viele Gesichter. Und wenn Menschen durch den Tod ihres Kindes in ihren Grundfesten erschüttert werden, brauchen sie andere, die da sind und dableiben, die zuhören, sich nicht zurückziehen und die akzeptieren, dass Trauer laut sein kann und wütend, leise und tränenreich, schwankend oder äußerlich wenig sichtbar.

Wir danken allen Eltern, die uns Einblick in ihre innersten Gefühlswelten gewährten. Und wir danken Professorin Verena Kast. Die international anerkannte Trauerexpertin war gern bereit, unser Vorhaben zu unterstützen. Sie erläutert die typischen Trauerphasen, spricht über Träume und Schuldgefühle, über die Sehnsucht nach dem gestorbenen Kind und die Frage, warum einige Hilfsangebote gut ankommen und sich andere für verwaiste Eltern falsch anfühlen.

Uns hat damals, als unsere Kinder starben, genau dieses Buch gefehlt. Deshalb haben wir es jetzt geschrieben.

Mir war wichtig, gleich wieder zu arbeiten

Die schwere Stoffwechselstörung, an der Lukas litt, wurde kurz nach seiner Geburt diagnostiziert. Er starb mit sieben Jahren – und lebte damit viel länger, als die Ärzte prognostiziert hatten. Trotzdem kam sein Tod für seine Familie unerwartet. Seine Mutter Carola Gruchatka-Denien aus Sittensen bei Hamburg erzählt.

Als es klingelte und ich durch die Glasscheibe in unserer Haustür Lukas' Lieblingsbetreuerinnen erkannte, wusste ich sofort: Jetzt ist es passiert.

Dabei ist Lukas am Morgen topfit gewesen. Seine Sternenaugen haben gelacht, als ich mich mit ihm auf dem Arm zum Abschied im Kreis gedreht habe. Das machte ich immer, das war unser Ritual, das liebte er. Und ich war beruhigt. Denn in der Woche vorher war er müder als sonst und ich hatte mich schon gefragt: Was ist los mit ihm? Brütet er etwas aus? Doch an diesem Morgen ging es ihm offenbar wieder gut. Er strahlte. Ich schob ihn in den Bus, schnallte ihn an. Dann vergaß ich allerdings etwas sehr Wichtiges. Immer sagte ich zum Abschied zu ihm: »Und mach keinen Blödsinn.« Nur an diesem Morgen sagte ich das nicht.

Beim Mittagsschlaf in der Schule ist es passiert. Er war erst kurz vorher eingeschult worden, sein Bett stand im Klassenzimmer der Sonderschule. Plötzlich sei sein Arm einfach zur Seite gerutscht, erzählten die beiden Kinderkrankenschwestern, die Lukas schon aus der Kita kannten. Sie waren zu uns geschickt worden, weil sie Lukas besonders ins Herz geschlossen hatten und fast zu einem Teil unserer Familie geworden waren.

Ich hockte im Türrahmen. Eine Betreuerin kümmerte sich um Laura, Lukas' Zwillingsschwester. In mir nur Schmerz. Und zwei Gedanken, sofort, gleichzeitig. Erstens: Mir wird ein riesiger Rucksack von den Schultern genommen. Und zweitens: Da, wo Lukas jetzt ist, da geht es ihm gut. Das war für mich ganz klar. Denn wenn es ihm nicht gut ginge, würde ich es spüren. Mein Bauchgefühl würde es mir sagen. Und dass ich mich auf mein Bauchgefühl verlassen kann – das hatte ich mit Lukas gelernt.

Bei der Geburt schien alles noch normal. Lukas hatte, genau wie seine Zwillingsschwester Laura, gute Werte. Und er sah genauso süß aus wie sie, mit seinem blonden Haar und einer unglaublich weichen Haut. Aber ich merkte bald, dass irgendetwas mit ihm nicht stimmt. Er trank nicht gut, schlief immer wieder ein, wenn ich ihn stillte. Und er war sehr lichtempfindlich, konnte einen nicht angucken. Als ich mit ihm zum Augenarzt wollte, musste ich mich allerdings erst mal mit der Kinderärztin streiten. Sie meinte, wir sollten noch abwarten. Aber ich ließ nicht locker, vertraute das erste Mal als Mutter auf mein Bauchgefühl.

Leider hatte ich recht. Der Augenarzt stellte fest, dass Lukas auf beiden Augen grauen Star hatte. Und dann nahm alles seinen Lauf. Zweimal musste er operiert werden, erhielt künstliche Linsen. Dann bemerkten wir, dass Lukas schlecht hören konnte. Er bekam Hörgeräte. Dann stimmten seine Blutwerte nicht. Monatelang waren wir mit ihm in verschiedenen Krankenhäusern. Und nach fast einem Jahr und fürchterlich vielen Untersuchungen stand fest: Lukas konnte Kupfer nicht richtig verwerten. Es war nicht das Menkes-Syndrom, aber wohl eine Unterform davon.

Mit der Diagnose lieferten uns die Ärzte die Prognose gleich mit. Ich weiß gar nicht, ob wir das hätten wissen wollen. Aber wir wurden auch nicht gefragt. Lukas wird höchstens zwei bis drei Jahre alt werden, sagten die Ärzte.

Klar, in so einem Moment begräbt man einen Traum. Den Traum von gesunden Kindern und einer kompletten Familie. Aber wir hatten gar keine Zeit, Luft zu holen oder uns groß Gedanken zu machen, es ging ja sofort weiter. Lukas war ständig krank. Insofern gab es für meinen Mann und mich eigentlich nur: Augen zu und durch. Nicht im Sinne von irgendwie, sondern im Sinne von: Wir versuchen das Beste daraus zu machen. Traurigkeit kam eigentlich nur auf, wenn wir völlig erschöpft waren, wenn die Müdigkeit zu groß und die Kraft zu klein schien.

Von Anfang an, gleich nach der Diagnose, habe ich überlegt: Wofür willst du jetzt deine Kraft geben? Für den Ärger, die Wut und die Trauer, dass es nicht so ist, wie du es möchtest, wie du es dir vorgestellt hast? Oder willst du deine Kraft darauf verwenden, für beide Kinder so da zu sein, dass sie möglichst glücklich sind. Und das war das, was wir uns vorgenommen hatten, das war das oberste Gebot von meinem Mann und mir – schon als wir uns für Kinder entschieden hatten. Natürlich war uns klar: Das können wir nicht jeden Tag schaffen. Aber wir können eine gesunde Basis dafür schaffen.

Lukas baute rapide ab. Er verlernte wieder sich zu drehen, konnte nicht mehr richtig schlucken und hatte – bevor er eine Magensonde bekam – eine Lungenentzündung nach der anderen. Immer wieder mussten wir mit ihm ins Krankenhaus. In unserem schlechtesten Jahr, 2003, verbrachten wir insgesamt 30 Wochen in der Klinik. Oft ging es nachts mit Notarzt los. Planen konnten wir gar nichts mehr.

Die Standardfrage unserer Tochter lautete: Und wer passt

heute auf mich auf? Ohne unsere Familie und meine beste Freundin hätten wir das nie geschafft. Da konnte ich jederzeit anrufen, und mein Vater und seine Frau kamen auch mitten in der Nacht, wenn wir mal wieder plötzlich losmussten.

Doch egal, was mit Lukas war: Mindestens eine Stunde am Tag haben mein Mann oder ich uns für Laura frei gehalten, eine Stunde, in der sie einen von uns ganz für sich allein hatte. Mehr ging manchmal nicht, aber diese eine Stunde, die musste sein.

Als Laura älter war und es ihrem Bruder wieder einmal sehr schlecht ging, fragte sie mich direkt: »Muss Lukas sterben?« »Ja«, habe ich geantwortet, »viel früher, als wir es möchten. Er ist sehr krank und irgendwann wird seine Kraft nicht mehr ausreichen für dieses Leben hier.« Sie hat geweint und ich habe versucht sie zu trösten, habe ihr gesagt, dass wir alles dafür tun, damit es ihm möglichst gut geht. Dass es aber trotzdem immer wieder Momente gibt, in denen er leidet und wir es leider nicht ändern können. Dass eben nicht alles in unserer Hand liegt.

Eine Freundin sagte mal: »Irgendwie ist es doch ungerecht. Mit zu wenig Liebe kann man Kinder krank machen. Aber mit ganz viel Liebe kann man sie nicht gesund machen.« Das habe ich meiner Tochter natürlich nicht gesagt. Aber daran gedacht habe ich häufiger.

Als Lukas vier war, hörte ich von Dr. Gennnadij Romanov. Er ist leitender Arzt am Zentrum »Rehabilitation des Kindes« in St. Petersburg und arbeitet mit fernöstlichen und westlichen medizinischen Ansätzen. Ab und zu kommt er nach Deutschland, um sich Kinder anzuschauen und zu entscheiden, ob sie für seine Therapie geeignet wären. Ich organisierte einen Termin. Er kannte nur Lukas' Namen, machte chinesische Augendiagnostik – und erzählte mir detailliert, was wir in den letzten vier Jahren erlebt hatten. Das war wirklich erstaunlich. Bei diesem Arzt hatte ich sofort ein gutes Bauchgefühl. Er sagte, er bräuchte drei

Monate mit Lukas in St. Petersburg. Natürlich ginge es nicht um Gesundwerden, sondern um Stabilisierung. Aber wie sollten wir das bezahlen? Ich schrieb Stiftungen an, wir sammelten mit selbst gemalten Plakaten Spenden, unsere Kirchengemeinde engagierte sich. Und innerhalb von zwei Monaten hatten wir 30 000 Euro zusammen. Diese Hilfsbereitschaft hier im Ort, die tat gut. Der Pastor hat das Geld verwaltet und uns auch ansonsten sehr unterstützt – ich habe durch Lukas wirklich viele unglaublich tolle Menschen kennengelernt.

Im Frühjahr 2005 flogen wir nach St. Petersburg. Die ersten vier Wochen war ich mit Lukas dort, dann kam mein Mann, der seinen Jahresurlaub dafür einsetzte, und dann habe ich ihn wieder abgelöst. Ich weiß nicht warum und wieso, aber Lukas wurde durch die Therapie von Dr. Romanov viel wacher. Er lachte mehr, sein wunderschönes Sonnenstrahllachen, seine Lungen wurden kräftiger. Es war wirklich fast ein Wunder: Nach der Zeit in St. Petersburg mussten wir nur noch zweimal mit ihm ins Krankenhaus. Dieser Arzt schenkte uns zwei Jahre Lebensqualität.

Kurz vor seinem siebten Geburtstag wurde Lukas eingeschult. Wie fit er geistig war, wie viel er verstanden hat, das wissen wir nicht. Aber dass er etwas verstand, zeigte er zum Beispiel wenn jemand fragte: »Wer will noch Eis?« Dann schoss sein Arm als erster nach oben. Er wurde ja eigentlich durch die Sonde ernährt, aber ab und zu ein bisschen Eis, das musste sein.

Wir wussten ja, dass es keine Hoffnung gab für Lukas. Insofern waren wir vielleicht anders vorbereitet als Eltern, die ein Kind durch einen Unfall oder eine plötzliche Krankheit verlieren. Aber andererseits war uns auch nicht ständig präsent, dass er sterben könnte. Er lebte ja schon viel länger, als die Ärzte prognostiziert hatten. Und es ging ihm gut – das jedenfalls war mein Eindruck, auch an diesem Tag.

Mir war allerdings immer klar, dass Lukas nicht zu Hause sterben wird. Ich weiß zwar nicht, ob und wie wir auf unseren Todeszeitpunkt Einfluss nehmen können. Aber ich war mir sicher, dass er uns würde schonen wollen, indem er woanders starb. Und ich bin ihm dankbar dafür, dass er nicht in der Klinik gestorben ist, dass wir nichts entscheiden mussten. Manchmal, wenn es Lukas sehr schlecht ging, habe ich zu ihm gesagt: »Du bestimmst, wann es für dich nicht mehr geht. Das Allerletzte was ich möchte, ist, dass du dich quälst.«

Als es am 17. September 2007 an unserer Haustür klingelte und die beiden Kinderkrankenschwestern vor der Tür standen, saßen Laura und ich gerade beim Mittagessen. Merkwürdigerweise hatte ich kaum einen Bissen herunterbekommen, obwohl ich hungrig gewesen war. Irgendwie klebten die Nudeln in meinem Hals. Später war mir klar warum. Mein Bauchgefühl trog eben einfach nie.

Und darum war ich auch so froh, dass mein Bauchgefühl mir sofort sagte: Lukas geht es gut. Da, wo er jetzt ist, da ist alles hell und freundlich, da ist ganz viel Grün – meine Lieblingsfarbe. So sehe ich das auch heute noch: Lukas ist im Licht, hat jetzt keine körperlichen Beschwerden mehr, er lacht ganz viel, sein wunderbares Lachen.

Ich bin nicht hochreligiös, ich gehe nicht oft in die Kirche. Ich habe mich erst kurz vor unserer Hochzeit taufen lassen, das war ein ganz bewusster Entschluss. Lukas war für mich ein Gottesgeschenk, auch wenn ich manchmal mit unserem, oder besser mit seinem Schicksal gehadert habe. Aber Lukas hat mir eben auch gezeigt, was wirklich zählt im Leben, was wirklich wichtig ist. Und das ist nur eins: die Liebe.

Schon zu Lebzeiten war Lukas für mich ein Engel. Und nun ist er ein Engel in einer anderen Dimension. Darum heißt es auch auf unserem Anrufbeantworter: »Dies ist der Anrufbeantworter von Lars, als Herrn des Hauses, von Carola, als Frau des Hauses, von Laura, als Teenie des Hauses, und Lukas, als Engel des Hauses.« Für manche mag das komisch klingen, aber das ist mir egal. Für mich zählt er immer noch dazu. Auch wenn ich gefragt werde, wie viel Kinder ich habe, sage ich grundsätzlich: zwei. Ein einziges Mal habe ich »eins« gesagt. Und da bin ich am nächsten Tag zu der Person hingegangen und habe gesagt: »Übrigens …« Das konnte ich so nicht stehen lassen.

Immer, wenn ich einen Schmetterling sehe, denke ich an Lukas. Und jeden Tag, wenn ich auf dem Weg zur Schule oder zurück an seinem Grab vorbeifahre, bekommt er einen Gruß. Das vergesse ich nie. Einen auf dem Hinweg und einen auf dem Rückweg. Und ich bin sicher: Irgendwann werden wir uns wiedersehen, vielleicht nicht direkt sehen, aber wiederfühlen. Sein kräftiges Haar, seine butterweiche Haut, daran werde ich ihn erkennen.

Im Nachhinein kommt es mir so vor, als wenn der Tag, an dem Lukas starb, unendlich viele Stunden hatte. Mein Vater fuhr zu meinem Mann, ich wollte es ihm nicht am Telefon sagen, aber auch Laura nicht alleinlassen. Meine Schwester machte sich sofort auf den Weg zu uns. Irgendwann kam die Kripo. Lukas musste obduziert werden. Das war für mich das Schlimmste in diesem Moment. Diese Vorstellung – grauenvoll.

Vorher konnten wir Lukas allerdings noch einmal sehen. Er lag aufgebahrt in der Kapelle des Krankenhauses, in das er überführt worden war. Als ich Lukas da so liegen sah, kam wieder der Reflex, den ich schon kannte, dieses Gefühl: Ich muss mein Kind nehmen und weglaufen, jetzt sofort, ich muss es beschützen. Diesen Gedanken habe ich öfter mit Lukas gehabt. Und ein-, zweimal habe ich ihn mir tatsächlich auch geschnappt und bin mit ihm vor einem Arzt abgehauen.

Auch wenn es natürlich wehtat – es war gut, ihn gleich noch einmal zu sehen. Denn dort, in der Kapelle, war Lukas noch genau der Lukas, den ich morgens verabschiedet hatte. Später, im Hospiz, war das anders. Da hatte ich das Gefühl, alles, was Lukas ausgemacht hat, ist nicht mehr da.

Bis zur Trauerfeier am Freitag konnten wir uns von Lukas

im Hospiz Löwenherz verabschieden. Wir kannten die Schwestern, alles war vertraut, wir waren mit Lukas einige Male dort gewesen. Und nun tat es gut, umsorgt zu werden. Ich musste nichts machen, nicht ans Telefon gehen, musste gar nichts, nur auf meine Familie und mich achten.

Unsere Familie und all unsere Freunde kamen ins Hospiz. Also die, die übrig geblieben sind. Einige haben nie verstanden, warum wir nicht mehr jede Hochzeit mitfeiern wollten. Insofern hat sich unser Freundeskreis mit Lukas neu sortiert. Aber alle, die wichtig waren, kamen. Diese Anteilnahme war mir enorm wichtig, sie hat geholfen. Genauso wie das Reden-Können, das Wieder-und-wieder-erzählen-Können.

In den Tagen und Wochen nach seinem Tod fand ich nichts schlimmer, als wenn Leute um mich rumgeschlichen sind oder wenn ich merkte, dass es ihnen unangenehm war, mir zu begegnen. Wenn jemand auf mich zukam und sagte: »Es tut mir so leid, ich weiß gar nicht, was ich sagen soll, ich fühle mich ganz hilflos …« – damit konnte ich umgehen. Aber dieses Rumgedruckse, das war fürchterlich für mich. Solche Situationen habe ich möglichst vermieden. Und da wir hier im Ort durch die Spendenaktion ziemlich bekannt waren, mochte ich auch die ersten Wochen nicht einkaufen gehen, das hat mein Mann erledigt.

Ganz schlimm fand ich auch, wenn Normalität vorgegaukelt wurde. Nach dem Motto: »Nun ist es doch schon einige Monate her. Bist du denn immer noch traurig?« Dann konnte ich nur sagen: »Ja, Lukas ist ja auch immer noch tot.« Ich finde sowieso: Der Schmerz wird nicht weniger. Er wird nur anders. Und ich setze ihm halt das pralle Leben entgegen.

Am Tag nach der Beerdigung wollte Laura in Lukas' Zimmer umziehen. Die beiden hatten eine innige Beziehung zueinander und oft habe ich ihnen abends zusammen in Lukas' Bett vorgelesen. Jetzt sollte ihr Bett dort stehen, wo Lukas geschlafen hatte.

Dafür mussten wir Lukas' Zimmer größtenteils ausräumen. Mein Mann konnte das nicht. Er hat Lauras Bett, ihren Schreibtisch und ihren Schrank auseinandergeschraubt und vor Lukas' Tür gestellt und ich habe die Sachen dann in seinem Zimmer wieder aufgebaut. Wie ich das geschafft habe, weiß ich nicht. Ich habe einfach funktioniert.

Und ich habe Laura in den ersten Wochen nach Lukas' Tod ein fantastisches Buch vorgelesen: *Auf der Suche nach den Regenbogentränen* (siehe: Von den Eltern empfohlene Bücher). Das war wirklich ein Segen für uns beide. Es ist ein Märchen, aber nicht nur für Kinder. Wir haben gelacht und geweint beim Lesen und ganz unterschiedliche Dinge rausgezogen. Mein Spruch war danach: Man geht mit zwei Beinen durchs Leben – einem Freudenfuß und einem Trauerfuß. Und man kann nicht immer nur auf einem Bein hüpfen.

Unsere Therapeutin hatte uns das Buch empfohlen. Anderthalb Jahre vor Lukas' Tod hatten wir eine Paartherapie angefangen. Es war ein großes Glück für uns, dass sie uns nun schon so lange kannte und wusste, was bei uns los war.

Mein Mann wollte die Therapie, er war die treibende Kraft. Ich habe mich erst mal gesträubt, wollte keinen Abendtermin, ich war immer früh müde. Aber ich verstand ihn auch. Er sagte: »Ich habe solche Angst, dass hier alles auseinanderbricht, wenn Lukas mal stirbt.« Denn wir waren eigentlich nur noch Eltern. Ein funktionierendes, tolles Elternteam zwar, aber wir waren eben fast nur noch getrennt unterwegs, hatten kaum mehr eine Basis als Ehepaar.

Durch die Therapie haben wir gelernt, dass man selbst an oberster Stelle steht und dass das eben nicht egoistisch ist. Im Gegenteil: Man hat sogar eine Art Pflicht zur Selbstfürsorge. Und dieses Für-sich-Sorgen, das tut nicht nur einem selbst gut, das ist für alle gut.

Mein Mann und ich sind sehr unterschiedlich mit dem Verlust, der Trauer umgegangen. Er machte seine eigenen Sachen, aber das war für mich auch völlig in Ordnung. Denn gleichzeitig konnten wir über alles reden. Und er brauchte es manchmal, mich trösten zu können. Dass ich nicht immer nur die Starke war, das half ihm auch.

Heute können mein Mann und ich sagen: Wir haben ein Leben ohne die Kinder; wir hatten ein ganz intensives Leben mit Laura und Lukas zusammen; jetzt haben wir ein Leben ohne Lukas, aber mit Laura – und alles hat seine Vor- und Nachteile, jede Phase ist unterschiedlich. Und damit können wir leben.

Eine Woche nach Lukas' Tod bin ich wieder arbeiten gegangen. Ich bin Lehrerin, unterrichte leidenschaftlich gern, und zwar an einer Hauptschule. Anderthalb Jahre vor Lukas' Tod hatte ich wieder angefangen, zehn Stunden Vertretung zu geben.

Jetzt wollte ich mehr, ließ mich für 20 Stunden eintragen. Ich bekam kein Geld dafür, aber das war mir egal. Ich musste einfach raus, ich brauchte Struktur. Ich hätte es nicht ertragen können, zu Hause zu bleiben, wenn alle anderen morgens das Haus verlassen. Ich schätze mich wirklich als starke Person ein, aber wenn ich nicht arbeiten gegangen wäre – ich glaube, dann wäre ich durchgedreht. Ich brauchte Alltag.

Wobei ich in den ersten Wochen das Gefühl hatte, ich lebte wie unter einer Käseglocke. Nichts kam wirklich an mich ran. Und ich wollte auch nichts ranlassen. Wenn mein Mann, meine Tochter an die Glaswand klopften, habe ich das zwar gehört, und das Verantwortungsbewusstsein in der Schule war natürlich auch da, aber eigentlich war ich nicht erreichbar, fühlte mich wie ferngesteuert.

Grenzwertig war der Urlaub in den Herbstferien, nur ein paar Wochen nach Lukas' Tod. Wir hatten die Reise nach Ägypten lange vorher gebucht. Für Lukas war eine Woche im Hospiz Löwenherz geplant gewesen. Das bekam Lukas immer gut, und vor allem bekam es auch Laura gut, wenn wir mal mit ihr allein in den Urlaub fuhren. Jetzt überlegten wir: Sollen wir fahren? Alle rieten zu.

Es war zwar schön, Sonne zu haben, aber mir war es fast unmöglich, unter Leuten zu sein, die nicht Bescheid wussten. Ich hatte ein riesiges Informationsbedürfnis, hatte das Gefühl, ich muss mir auf die Stirn schreiben, dass ich zwei Kinder habe, nicht nur eins. Laura und meinem Mann war das manchmal ziemlich unangenehm. Menschen, die wir kaum kannten, erzählte ich unsere Geschichte. Das war die eine Seite von mir. Die andere wollte weiterhin einfach nur Käseglocke.

Dieses Bedürfnis nach Abschottung änderte sich eigentlich erst im Mai, also acht Monate nach Lukas' Tod. Ich nahm an einem Mütterseminar teil, das vom Kinderhospiz Löwenherz angeboten wurde. Wir sind klettern gegangen in einem großen Hochseilgarten. Das war eine absolute Überwindung für mich, ich leide nämlich unter Höhenangst. Und da oben, da hatte ich Angst pur. Aber irgendwie bin ich offenbar genau dadurch ein bisschen aus dieser Glocke rausgekommen, vielleicht, weil ich mich wieder gespürt hatte. Jedenfalls fühlte ich mich auf dem Weg nach Hause das erste Mal wieder richtig lebendig.

Aber, was ich nicht geahnt habe: Nach der Käseglocke kam die Wut. Ich war einfach ständig wütend. Nicht auf meinen Mann oder Laura oder Lukas – auf alles irgendwie. Ich kann das ganz schlecht beschreiben.

Um diese Wut irgendwo zu lassen, bin ich gejoggt. Sport war schon immer ein Ventil für mich, seit meiner Kindheit habe ich alle möglichen Sportarten betrieben. Später war es vor allem Handball, die letzten Jahre als Trainerin. Und nun bin ich gelaufen, jeden Tag sieben bis acht Kilometer.

Und ich habe geschrieben, hab die Wut in Worte gepackt. Ich hatte ja gleich nach Lukas' Tod angefangen, Briefe an ihn zu schreiben. Ich wollte ihm einfach erzählen, was gewesen ist, was mich traurig macht, was mich freut. Jetzt kam dazu, was mich wütend machte. Das Schreiben darüber tat mir gut.

Und nach der Wut kam die Phase, in der ich bewusst begonnen habe, ein anderes Leben zu gestalten – und zwar ohne schlechtes Gewissen. Die beiden Phasen gingen ineinander über, ich kann sie nicht klar abgrenzen. Aber diese dritte Phase war die längste. Einfach vom Gefühl her. Vom Verstand her war mir das lange klar, und das Gestalten eines anderen Lebens war in Ordnung. Aber das schlechte Gewissen abzulegen, dieses Gefühl: Ich darf auch glücklich sein, obwohl Lukas nicht mehr da ist – das hat gedauert.

In der Schule gab es natürlich immer mal Tage, an denen mir das Unterrichten verdammt schwergefallen ist. Ich erinnere mich besonders an den ersten Todestag von Lukas. Da habe ich morgens schon gemerkt, dass es mir nicht gut ging. Aber die erste Stunde wollte ich noch unterrichten.

Die Schüler fragten: Irgendwas ist doch heute mit Ihnen? Da habe ich ihnen erzählt, dass heute vor einem Jahr mein Sohn gestorben ist. Sie waren natürlich betroffen, und ein Schüler fragte: »Ist Lukas hier in Sittensen begraben?« – »Ja.« – »Und Kinder haben ein besonderes Grab, oder?«

Ein paar Tage später kam dieser Schüler auf mich zu, hüpfte ganz aufgeregt auf und ab und erzählte: »Ich war mit meinen Eltern auf dem Friedhof, bei Opas Grab. Und dann hab ich auch das Grab von Ihrem Sohn gesehen.« Und dann stand er plötzlich still, wurde ganz ruhig und sagte: »Das leuchtet.«

Lukas' Grab ist bunt. Als der Grabstein noch nicht fertig war, haben Lukas' Freunde aus der Kita und der Schule kleine Steine bemalt und auf das Grab gelegt. Die sind immer noch alle da, umrahmen jetzt das Grab. Auch ich habe seitdem immer mal Steine bemalt, Laura hat Steine bemalt, mein Patenkind, meine Schwestern, die Kinderkrankenschwestern. Viele bringen ab und zu einen bunten Stein zu Lukas. Das tut mir gut. Es bedeutet mir viel, wenn ich merke, dass Lukas auch bei anderen noch präsent ist. Wenn sie an seinen Geburtstag denken oder seinen Todestag. Das ist ein großes Geschenk für mich.

Die beiden Tage liegen ja recht eng beieinander. Darum ist das immer eine schwere Zeit für mich. Der Geburtstag ganz besonders. Denn auch mein Mann hat, wie unsere Kinder, am 23. August Geburtstag. Und natürlich möchte ich den Menschen, die ich lieb habe, einen tollen Tag bereiten. Aber eigentlich möchte ich auch einfach nur weg.

Schon im Vorfeld geht es mir oft nicht gut. Meist wird es erst besser, wenn ich ein Geschenk für Lukas gefunden habe. Ich finde nämlich, Lukas muss auch noch etwas bekommen, schließlich ist es ja auch sein Geburtstag. Aber eine Blume reicht mir nicht. Deshalb fange ich schon Wochen vorher an, mir Gedanken zu machen. Mal bekommt er einen Teddy, mal ein Glas mit bunten Blubberblasen – irgendetwas, woran er Spaß gehabt hätte. Und es ist immer ein ganz besonderer Moment, wenn ich ihm das Geschenk bringe.

»Es war ein Stück vom Himmel, dass es dich gibt.« Dieses Zitat aus einem Lied von Herbert Grönemeyer steht auf Lukas' Grabstein. Genauso empfinde ich es. Besonders nah fühle ich mich Lukas immer in Dänemark, am Meer. Hier haben wir häufiger Urlaube mit ihm verbracht. Und als ich dort das erste Mal nach seinem Tod am Strand spazieren ging, fand ich einen ganz besonderen Stein, er wurde mir direkt zwischen die Gummistiefel gespült: ein Stein in Herzform.

Protokoll: Silke Baumgarten

Ich will den Schmerz empfinden

Stefanie Assmann und Willi Bergjürgen aus Haltern verloren ihre Tochter Linda bei einem Flugzeugabsturz. Die 15-Jährige war auf dem Rückflug von einem Sprachaustausch, als der Copilot die Maschine absichtlich gegen einen Berg in den französischen Alpen lenkte. Ihre Eltern erzählen jeder für sich, wie sie das erste Jahr danach überstanden.

Willi Bergjürgen:

Als ich im Fernsehen zufällig den Bericht über den Flugzeugabsturz sah, wusste ich sofort, dass Linda tot ist. Nicht weil ich es gespürt hätte, da will ich nichts hineininterpretieren. Sondern weil ich die Tatsachen sah und weiß, dass kein Körper so einen Aufprall übersteht, auch wenn in den Medien zu Anfang spekuliert wurde, dass irgendjemand überlebt haben sollte. Wir schauten dann wochenlang bewusst kein Fernsehen mehr und lasen keine Zeitungen, um den ganzen Theorien über die Absturzursache zu entgehen.

Vor Jahren arbeitete ich beim Bundeskriminalamt. Aus dieser Zeit weiß ich, wie sterbliche Überreste nach einem Flugzeugabsturz gesichert werden. Sofort hatte ich diese Bilder im Kopf, als es passierte, und ich wusste, dass wir den Körper unseres Kindes nicht heil zurückbekommen werden. Wir sind froh, dass uns die Bestatterin zumindest eine Locke von Linda geben konnte. Dennoch ist es schwer für uns, dass wir sie nicht noch einmal gesehen haben. Aber das ist eben nicht möglich.

Dass dieser Mensch das Flugzeug absichtlich abstürzen ließ, darüber will ich nicht ständig nachdenken. Ich will ihm möglichst gar keinen Raum geben, denn ich brauche meine ganze Kraft für mein eigenes Leben, es ist schon schwer genug. Ja, ich wäre gerne wütend gewesen, schon um weniger traurig zu sein. Aber ich war nicht wütend. Ich war und bin erschüttert. Am Anfang taten mir seine Eltern leid. Wie Bundespräsident Joachim Gauck in seiner Ansprache ganz treffend sagte: 150 Familien trauern. Ich dachte: Wie schrecklich muss es sein, den Sohn zu verlieren und mit seiner Schuld weiterzuleben. Ich hätte die Eltern in den Arm genommen und gesagt: »Kommt, ist gut!« Aber als sie zum ersten Jahrestag in einer Tageszeitung diesen großen Nachruf schalteten, in dem sie ihres »liebenswerten und wertvollen« Sohnes gedachten und mit keinem Wort die Opfer erwähnten, da waren wir ernüchtert. Jetzt habe ich nicht mehr das Bedürfnis, auf sie zuzugehen. Sie leugnen, dass ihr Sohn ein 149-facher Mörder ist. Er hat die jungen Menschen betrogen um ihre Zukunft, das ist so bitter. Sie waren gerade in einer Phase des Erwachens und Erwachsenwerdens.

Lindas Tod passierte vor den Augen der ganzen Welt. Wir Eltern wurden mit sehr viel Mitgefühl und Anteilnahme bedacht. Die vielen Zeitungsartikel und Interviewanfragen und die Tatsache, dass alle es wussten und unser ganzer Ort trauerte, das hätte auch anstrengend und belastend werden können. Glücklicherweise kümmerten sich die Polizei, die Leute vom Ordnungsamt, der Bürgermeister von Haltern, die Bestatterin und ganz besonders der Schulleiter von Lindas Gymnasium mit viel

Feingefühl und Anstand um uns. Nie ist uns jemand zu nahe getreten, weder Journalisten noch Fremde. Wir wurden konsequent abgeschirmt. Wir konnten ungestört zum Gottesdienst gehen oder in Lindas Schule, wo Seelsorger bereitstanden und wo am Tag nach dem Unglück einer der Chefs von Germanwings mit uns sprach. Er bot uns Eltern eindringlich an, uns sofort nach Frankreich zur Unglücksstelle zu fliegen. Es war gut gemeint, aber zu diesem frühen Zeitpunkt klang es absurd: Wir sollten in das Trümmerfeld, jetzt sofort? Nichts zog mich dorthin. Unser Schulleiter sah unsere verständnislosen Mienen und fragte den Herren, ob dieses Angebot nicht auch noch in einigen Wochen oder Monaten gelten würde. So war es dann auch. Immer fand Lindas Schulleiter die passenden Worte, er schützte uns und kümmerte sich unentwegt. Das war beeindruckend. Viele quälende Behördengänge nahm uns das Bürgermeisteramt ab. Zum Beispiel war Linda immer mit dem Bus zur Schule gefahren, wir hätten uns in diesen ersten Wochen auch um die Kündigung ihrer Monatskarte kümmern müssen. Stattdessen bekamen wir einfach die kurze Info, dass sie abgemeldet worden war, und waren für diese Hilfe dankbar. Und als die Geburtsurkunden der toten Schülerinnen und Schüler nach Frankreich geschickt werden mussten, behelligte uns niemand damit, es wurde ohne Worte erledigt.

Oft waren es kleine Dinge, die uns so etwas wie Trost gaben. Da flatterte zwei Wochen nach Lindas Tod der handgeschriebene Brief von Jakob bei uns rein. Jakob und Linda hatten sich offenbar über die App »QuizDuell« kennengelernt und schrieben sich ein Jahr lang fast täglich bei WhatsApp. So etwas hatten wir unserer Tochter immer untersagt und auch nichts davon mitbekommen. Dass Jakob sich jetzt meldete, weil er nicht begreifen konnte, dass seine »tägliche Begleiterin«, wie er schrieb, plötzlich nicht mehr antwortete, das war für uns ein Goldschatz, weil dieser 17-Jährige uns einen ganz neuen Aspekt von Linda zeigte. Er bat darum, zu ihrer Beerdigung eingeladen zu werden, damit er begreifen könne, dass sie tot ist. Er war ihr so zugewandt und es war schön zu spüren, wie wichtig sie für ihn geworden war, obwohl sich die beiden nie getroffen hatten, denn er wohnt zu weit weg.

Die Anteilnahme von Menschen, die nicht uns, sondern Linda kannten und mochten, ist besonders wertvoll. Aus diesem Grund trugen wir zu ihrer Beerdigung im Juni die Information in die Schülerschaft, dass all ihre Freunde kommen könnten. Etwa 350 Menschen kamen zu Lindas Abschiedsfeier, und in die Kirche kamen über 600. Vor der Kirche wurden Lautsprecher aufgestellt. Nach der Beerdigung legten wir ein Kondolenzbuch aus und wünschten uns von unseren Gästen, dass sie hineinschreiben, was ihnen spontan einfällt, wenn sie an Linda denken. Dieses Buch ist für uns heute sehr wichtig.

Meine Frau und ich gehen gemeinsam, aber auch mal jeder für sich, zu einem Trauma-Therapeuten. Ich schätze diese Stunden, weil ich dort gehört werde und meine Gefühle und Gedanken durch die Gespräche dort besser verstehe und allmählich merke, wie sich die Art meiner Trauer verändert. Zusätzlich geht Stefanie einmal im Monat zu einer Trauergruppe mit anderen verwaisten Eltern. Sie hätte mich gerne dabei, aber mir liegt der Austausch mit Fremden nicht, mir ist das Gerede schnell zu viel.

Mit drei Freunden fuhr ich etwa einen Monat vor dem ersten Jahrestag für eine Woche nach Schweden in unser Ferienhaus. Einfach zusammen sein, Bier trinken, reden. Aber schon nach vier Tagen bekam ich eine Art Gefühlsstau. Ich brauchte wieder Ruhe für mich, um meine Trauer rauslassen zu können, und wäre am liebsten frühzeitig abgereist. Irgendwann ist jeder Satz gesagt. Aber ich wollte mich auch nicht selbst ausschließen, mich nicht erklären und den anderen den Kurzurlaub verderben und blieb. Ich bin ja froh, dass ich Freunde habe, die mit mir über Linda sprechen.

Auch an einem Trauerseminar nahm ich teil, zu dem der renommierte Diplom-Psychologe und Trauerbegleiter Roland Kachler uns Haltener Eltern eingeladen hatte. Große Teile des Gesprächs wurden von unseren Frauen übernommen. Wie viele andere Väter schwieg ich die meiste Zeit, und Roland Kachler, der selbst seinen Sohn verloren hat, sagte, dass es Männern meistens guttue, ihre Gefühle im Rahmen einer Aktion wie beispielsweise einer Bergwanderung auszuleben statt im Stuhlkreis in einem Seminarraum. Diese Erfahrung habe auch ich gemacht. Er bestätigte mich auch in meinem Gefühl, dass das zweite Trauerjahr nicht einfacher wird. Man steht nicht mehr so sehr unter dem Eindruck des Schocks, man realisiert überhaupt erst den großen Verlust und die Endgültigkeit. Die Phasen, in denen ich den Schmerz kaum aushalte, kommen jetzt häufiger. Dafür sind sie nicht mehr ganz so heftig und lang anhaltend.

Meine Traurigkeit überkommt mich oft unvermittelt. Es reicht schon, dass ich die Mädels auf der Straße sehe, die einen Dutt auf dem Kopf und wie Linda diese grünen Jacken mit den Pelzkragen tragen, dazu Bluejeans und Stiefel. Linda begegnet mir überall. Mir hilft es dann, mit mir nahestehenden Menschen über sie zu sprechen. Dann aber brauche ich auch wieder Ruhe und manchmal fresse ich meine Trauer einfach in mich hinein. Ich gehe in ihr Zimmer, das noch ziemlich unberührt ist und so aussieht, wie sie es verlassen hat, und lasse meine Gedanken zu ihr wandern, erinnere mich, wie sie morgens bei uns auf der Treppe saß. Und wenn die Tränen kommen, dann kommen sie.

An Gott, Engel und ein Jenseits kann ich nicht glauben. Was für ein Gott soll das sein, der einen Suizid mit 149 Menschen zulässt? In Gesprächen mit anderen Vätern aus Haltern merkte ich, dass auch sie nicht wirklich glauben können, dass es nach dem Tod weitergeht. Um anderen nichts kaputt zu machen, sprechen sie es oft nicht aus, aber im Grunde denken sie wie ich: Da ist nichts mehr. Wir können uns eben nur nicht vorstellen, dass ein Mensch für immer verschwindet.

Aber meine Frau hat recht, wenn sie sagt: »Wir haben nur zwei Möglichkeiten: es anzunehmen oder es bleiben zu lassen.« Wir waren immer zuversichtlich und lebensfroh und wollen nicht bitter werden.

Werde ich nach meiner Trauer gefragt, achte ich darauf, wer mir die Frage stellt und an wie viel Antwort mein Gegenüber überhaupt interessiert ist. Auf eine bloße Floskel hin schütte ich mein Herz nicht aus. Man muss gewaltig unterscheiden. Von einem Freund bin ich schwer enttäuscht. Er duckt sich bis heute weg, wir haben nicht ein einziges Mal in Ruhe gesprochen seit dem Absturz. Zu Lindas Beerdigung kam er und ein paar Mal war er in unserem Lokal. Aber nicht einmal klingelte er an meiner Tür und fragte, ob wir ein paar Schritte gehen wollen.

Ganz anders mein Cousin, der sich sofort nach dem Absturz bei seiner Frau und ihren fünf Kindern abmeldete. Er brachte uns in den ersten Tagen Brötchen zum Frühstück, stand uns bei, nahm uns Organisatorisches ab, und weil unsere Nerven blank lagen, nahm er uns mit in seinen USA-Urlaub. Ob ich dasselbe für ihn oder andere Freunde getan hätte? Heute ganz sicher. Vor Lindas Tod war mir nicht bewusst, welche Form von Hilfe in dieser Situation guttut. Vor 25 Jahren ertrank der dreijährige Sohn meiner Schwester und ich kümmerte mich damals kaum. Heute tut mir das leid. Vielleicht fiel es ihr nicht mal auf, wir sind sieben Geschwister, vielleicht ging mein passives Verhalten in der ganzen Aufregung und dem Gewirbel unserer Großfamilie unter. Als Linda starb, verschwand auch sie genau wie ich damals im Familienverband und fragte uns erst nach Wochen, wie es uns gehe. Sie sagte: »Mir ist nichts eingefallen, womit ich euch trösten kann, es wird ja nicht besser durch Worte!«

Nach Lindas Tod haben sich viele meiner Prioritäten verschoben, auch beruflich. Jahrelang steckte ich meine ganze Kraft und Zeit in unser Familienlokal, den »Uhlenhof« in Haltern, den ich von meinen Eltern übernommen habe und leitete. Ich fühlte mich verantwortlich für den Laden und nahm jahrelang in Kauf, dass ich nur selten private Einladungen zu Gartenfesten oder Geburtstagen annehmen konnte, weil der Betrieb mich so stark forderte. Eine Woche nach dem Absturz arbeitete ich schon wieder ein paar Stunden am Tag, aber ich fand nicht zu meiner alten Kraft zurück. Und meine Frau brauchte mich jetzt mehr als sonst zu Hause. Dazu kamen die organisatorischen Termine, die Beisetzungen und Feierlichkeiten in Haltern und Frankreich. Zum Glück übernahm dann unser Koch und Freund Michael den ganzen Betrieb, kümmerte sich um alles, ohne ein einziges Wort darüber zu verlieren, und stellte das Geschäftstelefon auf sein Handy um. Das war eine wirklich gute Erfahrung. Keiner meiner damaligen Angestellten gab mir das Gefühl, irgendetwas von mir zu erwarten. Auch während wir für vier Wochen in den USA waren, lief das Lokal problemlos weiter und ich merkte: Ich muss nicht alles selber machen. So kam uns Monate nach dem Absturz die Idee, unserem engagierten Koch die Leitung zu übertragen, während ich zwar mit finanziellen Einbußen, dafür aber mit deutlich weniger Verantwortung als Angestellter weitermache. Seitdem kann ich mich an schlechten Tagen zurückziehen und öfter als früher mit meiner Frau zusammen Freunde besuchen. Das gibt mir in der Trauer Ruhe und großen Auftrieb.

Und auch für Christian, unseren heute zehnjährigen Sohn, habe ich jetzt deutlich mehr Zeit. Ich versuche mehr mit ihm zu unternehmen, wir fahren zusammen Rad, spielen Fußball oder bauen etwas aus Holz. Er leidet nicht nur darunter, dass seine Schwester nicht mehr da ist, sondern vor allem unter der Trauer von uns Eltern. Er erlebt uns jetzt anders als früher, wir sind nicht mehr die starke Wand, die schützend hinter ihm steht. Kein Kind will seine Eltern weinen sehen und Christian hat sehr feine Antennen. Meine Frau muss nur einmal tiefer einatmen als sonst, schon fragt er: »Ist alles in Ordnung?« Von Tod und Trauer will er nichts wissen, er stellt keine Fragen zu Linda und wir versuchen ihn mit unserer Trauer nicht zu überfordern, ihn aber auch nicht auszuschließen. Es ist schwer, aber wir wollen die Mitte finden, ihn auch nicht zu sehr verhätscheln oder übervorsichtig sein. Aber wir können auch nicht so tun, als wäre nichts passiert. Christian spürt, dass unsere Aufmerksamkeit oft bei Linda ist, und das ist schwer für ihn. Eine Kerze mit ihrem Namen brennt immer auf unserem Esstisch und ihr Zimmer ist leer. Manchmal finden wir ihn, wie er mit seinen Legos bei Linda auf dem Teppich liegt und spielt. Als meine Frau einmal unvermittelt in einem Restaurant zu weinen anfing, sagte er: »Ach, Mama, Linda ist doch immer da, wo du gerade nicht hinschaust!« Er will uns trösten und schützen und ist mit dieser Rolle doch überfordert. Wir sind froh, dass er alle zwei Wochen bereitwillig mit anderen Haltener Geschwistern und Freunden der Absturzopfer in eine Trauergruppe geht, und haben den Eindruck, dass ihm das guttut.

Die Wochen vor Lindas erstem Todestag waren wie ein Sog zurück in die erste Trauerzeit. Es ging uns schlechter, die Erinnerungen an die letzten gemeinsamen Erlebnisse kamen hoch: Wie wir zusammen im Kölner Dom waren, den Linda gerne von innen sehen wollte, oder über Karneval in Berlin. Wir dachten an unsere letzten gemeinsamen Kinobesuche, Stadtbummel, an schöne Abende zu Hause. Wir lebten nur auf den Jahrestag hin. Es kamen wieder vermehrt Interviewanfragen, denen wir uns nicht immer entziehen wollten, auch weil wir an Linda erinnern möchten. In Haltern liefen Vorbereitungen für den Gedenktag und wir bereiteten uns auf die Trauerfeier in Frankreich vor. Die Lufthansa hatte uns zu einer dreitägigen Reise mit vielen Feierlichkeiten an die Unglücksstelle eingeladen. Es war gut, mit anderen Eltern nach Frankreich zu fahren, vor allem meiner Frau gaben das Gruppengefüge und das feste Programm Halt. Ich hätte allerdings das ganze Buhei nicht gebraucht und dafür mehr stilles Gedenken für mich allein. Wir entschieden uns deshalb, schon drei Tage vor dem Todestag und dafür ohne das Protokoll und die Vorgaben der Lufthansa zur Unfallstelle zu wandern. Sieben Stunden liefen wir durch die Berge von Le Vernet und hatten schöne und friedliche Momente im Gedenken an Linda und die anderen Menschen, die gestorben waren. Seitdem fühlen wir uns dieser Gegend sehr verbunden. Die offizielle Gedenkfeier am nächsten Tag war für mich nicht mehr so wichtig. Dass sie einen Gong schlugen zum Absturzzeitpunkt, war mir schon zu viel. Eine Schweigeminute hätte ich ruhiger und passender gefunden, aber da empfindet jeder anders.

Lindas Tod hat viel verändert in uns, äußerlich und innerlich. Wir haben gelernt, dass wir schöne Dinge nicht aufschieben dürfen, bis alles andere erledigt ist. Dass wir unsere Träume nicht nur träumen, sondern umsetzen sollten, egal ob wir einen Wintergarten bauen wollen oder uns eine Reise gönnen. Wir können noch so intensiv Pläne machen, das Schicksal entscheidet anders und dieses »Anders« muss von uns mitgenommen werden.

Ich werde oft gefragt, wie es mir geht, ein Jahr nach Lindas Tod. Am liebsten würde ich antworten: »Wie soll es mir gehen? Wir stehen noch, nur machen wir keine Freudensprünge. Wir können essen, schlafen und trinken, aber das Leben ist eben ein anderes geworden.« Ist es besser oder schlechter geworden, weil man sich gewöhnt und abstumpft? Das ist schwer zu sagen.

Ich hadere nicht mit der Lufthansa und den Menschen um mich herum, die längst wieder zur Tagesordnung übergegangen sind. Ich will auch nicht darin aufgehen, von der Trauer betroffen zu sein. Wir wollen irgendwann dahin kommen zu sagen: Wir sind froh, sie gehabt zu haben. Aber so weit sind wir noch nicht. Und manchmal kommt die Angst in mir hoch, mein Kind zu vergessen, und ich merke, ich will den Schmerz auch empfinden. Denn er ist ein Teil dessen, was mir von Linda geblieben ist.

Ich bin noch immer auf der Suche

Stefanie Assmann:

Ich sehe sie im Auto rückwärts aus der Einfahrt fahren und kurz winken. Das sind die letzten Bilder. Die Gedanken an die Art, wie sie gestorben ist, kann ich noch immer durch allerhand Ablenkung wegschieben. Aber ich fürchte mich vor dem Tag, an dem mir das nicht mehr gelingt. Ich weiß ja, dass sie Angst gehabt haben muss.

Es passierte kurz vor den Osterferien. Unser Glück war, dass wir nicht funktionieren mussten, denn Lindas jüngerer Bruder Christian konnte während der Ferien länger schlafen und ich musste mich nicht um Mathetests und solche Dinge kümmern. Ich hätte es auch nicht gekonnt. In der ersten Woche stand ich unter Tabletten, deshalb erinnere ich mich heute an kaum etwas. Dann setzte ich die Tabletten wieder ab, ich wollte alles bewusst wahrnehmen.

Meine Freundin Eva rief noch am selben Tag an und sagte: »Ich komme jetzt!« Ich wiegelte ab, das sei lieb, aber nicht nötig, sie musste sich schließlich um ihre eigenen Kinder kümmern und wohnte gut 100 Kilometer von uns entfernt. Was man eben so sagt. Aber sie ließ sich nicht abwimmeln und zog mit ihrem Köfferchen für fünf Tage bei uns ein. Und das war so gut. Sie kümmerte sich um Christian, kochte für uns, sortierte Zeitungen vor, damit wir keine Unfallbilder anschauen mussten. Ich habe mich oft gefragt, ob ich genauso gehandelt hätte. Ich weiß es nicht und bin beschämt darüber.

Wie habe ich diese erste Zeit überstanden? Ich ließ es zu Hause raus, weinte und redete mit meinem Mann, hörte Musik, manchmal bewusst ganz traurige. Wenn ich leergeweint war, ging ich raus, unter Menschen. Ich hatte nie das Bedürfnis, mich zu verstecken. Ich wollte von Anfang an über Linda reden, mich ablenken, nicht erstarren. Der Sommer fing gerade erst an, wir wurden oft zum Grillen eingeladen und gingen auch wirklich hin. Mir half es, ein paar Stunden am Tag etwas zu unternehmen. Mal machte ich bei einem Flohmarktverkauf mit, dann kamen Freunde und Bekannte zu uns nach Hause. Es kamen so viele Menschen und bis heute kommen auch solche, die wir vorher gesiezt hatten und die erst in diesen schlimmen Wochen zu Freunden wurden. Da ist unser Pfarrer, der sofort zu uns kam, als er von dem Absturz erfuhr, sich bis heute voller Verständnis meine Zweifel an Gott anhört und immer wieder versucht, mein Vertrauen in das Leben zu stärken.

Da ist die Kripobeamtin, die eigentlich nur DNA-Spuren von Linda sichern wollte für die Identifizierung ihrer Leiche. Sie blieb für Stunden bei uns am Esstisch sitzen und holt mich seitdem regelmäßig zu Spaziergängen mit ihrem Hund ab. Oder Lindas Geigenlehrerin, die ich vorher kaum kannte und die bei uns klingelte und blieb. Sie will mir jetzt das Klavierspielen beibringen. Das sind wirklich schöne Erfahrungen.

Als die Osterferien vorbei waren und ich Christian morgens wieder fertig machte, fehlte Linda so spürbar. Früher stiefelten die beiden zur selben Zeit los. Linda saß immer noch kurz auf der Treppe und band ihre Schuhe zu, während Christian seinen Roller holte. Die ersten Vormittage heulte ich mir die Augen aus dem Kopf. Nach einer Woche konnte ich das Weinen schon zurückhalten, bis Christian losgegangen war. Heute, knapp anderthalb Jahre später, stehe ich oft morgens am Fenster und bin traurig. Ich weine nicht mehr so viel.

Ein französischer Journalist schrieb ein Buch über den Absturz und wie das Unglück sein kleines Dorf veränderte, das ganz in der Nähe liegt. Es heißt *Rückkehr nach Le Vernet*. Er war der erste Journalist, der die Unfallstelle erreichte, und berichtete, die Überreste seien pulverisiert gewesen. Darüber darf ich nicht nachdenken. Es übersteigt zum Glück auch mein Vorstellungsvermögen. Irgendwann, Wochen nach der Katastrophe, stand plötzlich ein Bote bei uns im Garten und brachte uns ein Haargummi, das sie von Linda gefunden hatten und das sie an diesem Tag vermutlich am Kopf trug. Später bekamen wir dann noch zwei Blusen, ein Handtuch und einen Schuh – Gegenstände, die wir in einem Katalog mit etwa 2.500 Einzelteilen, den die Lufthansa im geschützten Angehörigenforum veröffentlicht hatte, wiedererkannt hatten. Die Kleidungsstücke mit den Brandflecken rochen nach Kerosin. Wir hielten sie in den Händen und wussten nicht, was wir sagen sollten. Es ist so unbegreiflich. Eine der Blusen hatte sich Linda zum Geburtstag gekauft. Ich erinnere mich, wie wir im Laden standen und sie sie anprobierte. Was sollen wir nur mit diesen Kleidungsstücken machen? Ich kann sie doch nicht immer wieder anschauen. Ich weiß es wirklich nicht.

Ich wartete lange auf irgendwelche körperlichen Begleiterscheinungen meiner Trauer. Es gab Linda nicht mehr und mein Körper hätte das doch irgendwie merken müssen. Mein Mann wachte nachts oft auf, dachte an Linda und konnte nicht wieder einschlafen. Aber ich schlief von Anfang an durch und konnte auch bald wieder ganz normal essen. Nur die typische Trauerdemenz, die totale Vergesslichkeit, stellte ich an mir fest. Eine Psychologin erklärte mir, dass der Körper in dieser extremen Zeit ein Drittel seiner Funktionen abstellt, um den Verlust zu bewältigen. Auch ich wusste oft nicht, was ich am Vortag gemacht hatte. Das besserte sich nach einigen Wochen wieder.

Das große Interesse und Mitgefühl in Haltern und die über sechshundert Kondolenzbriefe, die wir erhielten, trugen uns durch die erste Zeit. Ich war dankbar, wenn mich Freunde und

Bekannte in der Fußgängerzone einfach in den Arm nahmen. Diese Umarmungen ohne Worte, die brachten mir viel. Und immer half mir das Gefühl, nicht allein zu sein mit meiner Trauer. Mein Mann und ich haben das Glück im großen Unglück, dass wir nicht die Einzigen sind, sondern insgesamt 16 Eltern in Haltern, deren Kinder in dieser Germanwings-Maschine saßen. Dazu kommen die Eltern der beiden jungen Lehrerinnen, die auch von dieser Tragödie getroffen wurden. Einmal im Monat trifft sich, wer möchte, zu einem Stammtisch. Wir sitzen einfach zusammen und reden, essen und trinken und sind froh, dass wir uns haben. Manche haben ihr einziges Kind verloren, manche sind voller Wut auf die Lufthansa oder den Copiloten, andere beschäftigen sich bis ins Detail mit den technischen Zusammenhängen des Absturzes. Wir empfinden nicht alle gleich. Aber die Trauer hat uns zusammengeschweißt. Wir wissen, dass es okay ist, wenn wir auch mal lachen und unbeschwert sind. Ja, auch diese Momente gibt es und untereinander müssen wir sie nicht erklären.

Ein Teil dieser Gruppe zu sein, bringt die Tragik mit sich, dass wir auch die Freunde unserer Kinder verloren haben, und das ist schlimm. Linda war 15 und innerlich gerade auf dem Sprung. War sie schon mal verliebt und wenn ja, in wen? Wir wissen es nicht, denn sie schüttete nicht mehr uns Eltern, sondern ihren Mädels ihr Herz aus. Sie verließ mich in einer Phase, in der ich als Bezugsperson nicht mehr ihre Nummer 1 war und das hat mich zusätzlich sehr traurig gemacht in der ersten Zeit, auch wenn ich weiß, dass der Abnabelungsprozess richtig und wichtig ist für ein Mädchen in ihrem Alter. Nur ihre Freundinnen können mir sagen, was Linda zuletzt beschäftigt hat, aber fast alle liegen neben ihr auf dem Friedhof. Die wenigen, die noch da sind, lud ich an ihrem Geburtstag zu uns ein. Ganz bewusst zusammen mit ihren Eltern, damit sie sich frei in Lindas Zimmer bewegen konnten, während wir unten Kaffee tranken. Ich bin froh über alles, was sie mir von Linda erzählen. Aber ich will die Mädchen nicht als Ersatz benutzen, sie sind nicht für mich verantwortlich. Gleichzeitig ist da die Angst, dass Linda irgendwann von ihnen vergessen wird. Damit müssen wir dann klarkommen.

Lindas Freundin Carina saß nicht mit im Flugzeug. Sie verbrachte ein Austauschjahr in Amerika und rief uns nach dem Absturz geschockt an und versprach, Christians große Schwester zu werden, sich um ihn zu kümmern nach ihrer Rückkehr. Aber nichts war mehr wie früher, als sie nach Haltern zurückkam. Linda war tot und Carina muss sich jetzt ein Leben ohne ihre enge Vertraute aufbauen. Damit hat sie genug zu tun, sie kann nicht noch versuchen, uns Linda zu ersetzen.

Linda wäre ein halbes Jahr später ebenfalls in die USA geflogen, normalerweise würde sie demnächst aus Texas zurückkommen. Eigentlich hatte sie sogar geplant, schon früher zu fliegen und dafür nur ein halbes Jahr in den USA zu bleiben. Aber ich überredete sie wegen eines tollen Stipendiums, mit dem sich ihre USA-Pläne überkreuzt hätten, zu einem ganzen Jahr Amerika und dem späteren Zeitpunkt. Es gab nur ein Entweder-oder. Sie nahm meinen Rat an. Hätte sie das nicht getan, wäre sie bei dem einwöchigen Schüleraustausch in Barcelona nicht dabei gewesen und würde heute noch leben. Damit haderte ich in der ersten Zeit nach ihrem Tod. Mich plagte auch die Sorge, ob ich mir immer genug Zeit für sie genommen hatte. Linda war so unkompliziert, sie lief einfach so mit. Dadurch konnte ich mich mehr um Christian und um meine eigenen Hobbys kümmern. Wir hatten eine sehr enge Beziehung, es gab selten Streit, sie brauchte mich nicht so sehr wie ihr jüngerer Bruder. Inzwischen haben diese Gedanken etwas nachgelassen, auch dank der Gespräche mit unserem Therapeuten.

Elf Wochen warteten wir darauf, Lindas Beerdigung planen zu können. Zuerst dauerte es ewig, die sterblichen Überreste zu identifizieren. Nach Wochen der Ungewissheit bekamen wir einen Rückführungstag genannt. Dann wurden die ersten Beerdigungen geplant, aber die Rückführung wieder auf unbestimmte Zeit verschoben, weil offensichtlich einige Namen in den Sterbeurkunden falsch abgetippt worden waren. Es war ein echter Nervenkrieg, auch weil wir Eltern allmählich misstrauisch wurden. Es ist wirklich nicht nachvollziehbar, dass wir unsere Kinder wegen ein paar Tippfehlern nicht beerdigen konnten, und diverse Verschwörungstheorien um die Absturzursache waberten durch den Raum, die durch dieses Hin und Her neue Nahrung bekamen. Diese Unruhe belastete uns Eltern. Viele erhofften sich von der Rückführung der Leichname, dass sie es dann endlich begreifen, vielleicht sogar eine Nähe zu ihren Kindern spüren könnten. Mich strapazierte das Hickhack, aber zugleich war der wochenlange Schwebezustand vor der Beerdigung auch eine Art Schonfrist. Es fühlte sich an, als sei Linda von einem Ausflug nicht zurückgekehrt, und ihr Tod schien noch nicht unausweichlich zu sein.

Erst am 10. Juni 2015 kamen die Särge nach Deutschland. Ich stand vor dieser Holzkiste und dachte: Da soll meine Tochter drin sein? Ich hätte gerne gespürt, dass ich einen Teil von Linda wiederbekommen habe. Aber es war zu abstrakt, ich wusste ja nicht mal, welche Körperteile überhaupt in dem Sarg lagen. Und so fühlte ich nichts.

Umso ergreifender war die Prozession der Leichenwagen. Wir fuhren auf der Autobahn im Bus hinter den Wagen her und sahen nach der Abfahrt in Haltern die Menschen am Straßenrand stehen, wie sie sich verbeugten vor den Toten, wie sie weinten und weiße Rosen auf die Autokolonne warfen. Ich werde das nie vergessen. Wir brachten unsere Kinder heim wie Könige.

Der Cousin meines Mannes und seine Frau überredeten uns in dieser unruhigen Zeit rund um die Rückführung unserer Kinder, doch einfach mit ihnen mitzukommen in ihren für den Sommer geplanten USA-Urlaub. Wegfahren, raus aus Haltern, abgelenkt sein, das klang verlockend. Zwar hätten wir uns vier Wochen Amerika normalerweise weder finanziell noch zeitlich gegönnt. Aber es war ja nichts mehr normal, und so buchten wir nach Lindas Beerdigung tatsächlich die Flüge. In einem Flugzeug zu sitzen, war kein Problem für uns. Dass direkt nach einem solchen Unglück ein zweites passiert, ist sehr unwahrscheinlich – und wenn doch, dann wären wir wenigstens bei Linda gewesen. Die Zeit in Amerika war intensiv. Linda war in unseren Gedanken überall dabei. Wir schauten uns New York an, wir waren im Disneyland. Jedes Schneewittchen, jedes Aschenputtel erinnerte mich an mein Kind, und es war schön und traurig zugleich. Am liebsten wäre ich in den USA geblieben und hätte dort ein neues Leben angefangen, vielleicht im Wohnmobil, einfach durch die Gegend tingeln, keine Termine, nur Freiheit und Ablenkung. Aber unser Sohn Christian ist ein Schulkind und auch meinen Job als Schadenssachbearbeiterin mit einem sehr loyalen und mitfühlenden Chef und mit tollen Kollegen will ich nicht leichtfertig aufgeben.

Noch in Amerika bekamen wir die Nachricht, dass die Beisetzung der nicht identifizierten Leichenteile der Todesopfer nun stattfinden sollte. So flogen wir direkt nach Marseille. Bei fürchterlich schäbigem Wetter und müde von unserem langen Flug standen wir dann in den französischen Alpen und wussten nicht so recht, wozu wir überhaupt da waren. Meinen Mann und mich hatte es nie an diesen Ort gezogen. Andere Eltern aus Haltern waren schon mehrfach an der Unfallstelle gewesen. Aber anlässlich dieser Trauerfeier in Le Vernet wollte ich doch herausfinden, was dieser Ort mit mir macht. Insgeheim hoffte ich, dass ich spüre: Hier ist Linda jetzt. Aber ich spürte wieder nichts, und auch wenn die Feier sehr schön gedacht und umgesetzt worden war, flog ich enttäuscht nach Hause.

Es gibt Untersuchungen darüber, wie lange Menschen nach Schicksalsschlägen Anteil nehmen. Laut Statistik ist die erste

Phase des Mitfühlens auf etwa ein Dreivierteljahr begrenzt, egal wie schlecht es den Betroffenen anschließend noch gehen mag. Uns Haltener Eltern gestand man sicher zu, dass wir länger nicht klarkommen, vielleicht auch, weil die Medien so intensiv und anhaltend berichteten, auch über den ersten Todestag hinaus. Es war immer wichtig für mich, dass niemand mir das Gefühl gab: Nun muss es aber mal gut sein! Nur manchmal war und bin ich enttäuscht von mir nahestehenden Menschen, die so ganz normal weiterleben und denen ich möglicherweise mit meinem Leid eine Last bin. Ich erwarte aber nicht, dass mir jeder beisteht, der mich kaum kennt. Es müssen mich auch nicht alle Leute auf Lindas Tod ansprechen. Ich weiß ja, dass jeder weiß, uns ist das Schlimmste passiert, was Eltern passieren kann. Das muss ich nicht immer neu bestätigt bekommen. Am Anfang ergriff mal eine Bekannte die Flucht, als sie mich sah. Sie lief regelrecht vor mir davon. Plötzlich drehte sie sich um und kam zurück. Sie sagte: »Mist, was mach ich hier?«, und entschuldigte sich. Aber ich konnte sie verstehen, sie hatte Angst und wusste nicht, was sie mir sagen sollte. Ich lege nicht die Hände dafür ins Feuer, dass ich mich immer richtig verhalten hätte an Stelle der anderen. Ich hatte früher auch keine schlaflosen Nächte, wenn im entfernten Bekanntenkreis ein Kind starb. Natürlich fühlte ich mit, aber mein Alltag lief normal weiter.

Nach einigen Monaten fing ich endlich an, von Linda zu träumen, und zwar immer in unserem Ferienhäuschen in Schweden, das wir gekauft hatten, als ich schwanger mit ihr war, und wo wir viele schöne und entspannte Wochen gemeinsam verbracht hatten. Meine drei Träume von Linda kamen alle beim Dösen auf dem Sofa und nicht nachts im Tiefschlaf. Im ersten Traum sah ich sie auf einer Straße stehen. Es war duster, sie hatte die Haare offen, trug einen Anorak und ging ganz ruhig auf einer Art Startbahn von mir weg. Dann drehte sie sich plötzlich noch einmal um zu mir, lächelte mich an und ging davon. Als ich aufwachte, war sie so nah, ich dachte, ich könne sie greifen, und war so glücklich. Ich hatte das Gefühl, dass es ihr gut geht. Das war so ein schöner Moment. Im zweiten Traum kam sie die Treppe bei uns im Haus herunter und schaute durch unsere Stiege hindurch. Nur dieser eine kurze und schöne Augenblick, dann war sie weg. Im letzten Traum saßen wir mit Freunden zu Hause um den Esstisch herum und unterhielten uns über die Frage, ob es ein Leben nach dem Tod gibt. Ich fragte: »Ja, wo sollen sie denn sein, wenn sie noch da sind?« Da blendete sich Linda ein, lehnte sich auf den Tisch und sagte in ihrer typischen Art: »Hallo? Ich bin doch hier!« Und wieder war der Traum vorbei.

In allen Träumen wirkte sie, als wäre sie mit sich im Reinen. Ich kann mir jetzt einreden, dass es besondere Träume waren, dass es Linda wirklich gut geht und sie noch irgendwo ist und mir das mitteilen wollte. Ich kann mir meine Wahrheit zurechtlegen. Aber woher weiß ich, dass es mehr ist als nur Wunschdenken und sie wirklich irgendwo auf mich wartet? Ich möchte an ein Leben nach dem Tod glauben, aber ich brauche einen Beweis. Es fällt mir schwer, an einen Gott zu glauben, der so etwas lenkt wie einen Flugzeugabsturz. Ich spüre aber keine Wut in mir und mich beschäftigte auch nie die Frage, warum es ausgerechnet Linda traf. Warum erkrankt jemand an Krebs? Welche Kriterien entscheiden, wer bleiben darf und wer geht?

Ich habe die Suche nach einer Vorstellung von dem, was mit den Toten geschieht, noch nicht abgeschlossen. Manchmal denke ich: Mensch, Linda, jetzt hilf doch mal! So als hätten sich unsere Positionen umgedreht und als wäre Linda jetzt nicht mehr mein Kind, sondern die Erwachsene, die ich um Rat frage und von der ich mir Unterstützung erhoffe.

Einmal ging ich zu einer Seherin, die angeblich Kontakt aufnehmen kann zu Verstorbenen. Ich hoffte, dass sie mit Linda kommunizieren kann, aber um ihr wirklich zu glauben, hätte ich einen Beweis gebraucht. Dass sie mir etwas von Linda erzählt, das eigentlich nur ich wissen kann. Aber sie sagte nur so allgemeine Sachen über meine Tochter, die auch auf jedes andere Mädchen in diesem Alter zutreffen könnten, sodass ich stark zweifelnd wieder nach Hause ging. Für meinen Mann war das alles Scharlatanerie, eine Mischung aus Rätselraten, Menschenkenntnis und Psychologie.

Und ich glaube, dass ich Linda in mir suchen muss und mich von dem Wunsch verabschieden sollte, sie irgendwann wiederzusehen. Dabei ist diese Vorstellung so tröstlich. Denn dann müsste ich ja nur noch hier im Alltag klarkommen, mich zusammenreißen und so leben, dass sie stolz auf mich sein kann. Und irgendwann wären wir wieder beieinander.

In Christians Zimmer hängt schon sehr lange ein Bild, das Linda vor Jahren für ihn gemalt hat: ein Lufthansa-Flugzeug, das steil nach unten Richtung Erde fliegt. Wenn ich mir dieses Bild anschaue, kommt die Hoffnung in mir auf, dass es doch so etwas wie ihr Schicksal war, dass sie so früh gestorben ist und dass es irgendeinen übergeordneten Sinn gibt hinter allem, was passiert. Es gelingt mir nicht immer, so zu denken. Aber wenn es mir gelingt, dann ist es tröstlich für mich.

Protokolle: Silia Wiebe

Das Leben mit ihr und ihr Tod haben mich verändert

Jolanda war schwerst mehrfachbehindert. Sie starb mit neun Jahren. Für ihre Familie kam ihr Tod gänzlich unerwartet. Als besonders tröstlich empfand ihre Mutter Silke Baumgarten die Traueransprache auf ihre Tochter. Deshalb orientierte sie sich Jahre später beruflich neu und arbeitet nun hauptsächlich als Trauerrednerin.

Drei Tage nach ihrem neunten Geburtstag fanden wir Jolanda morgens tot in ihrem Bett. Den Schock spüre ich noch heute manchmal in meinem Rücken, im Kreuz. Das einzig Tröstliche war: Sie lächelte.

Schon in der Schwangerschaft erkannten die Ärzte, dass irgendetwas nicht stimmte. Ich wollte eigentlich keine Untersuchungen. Ich war 39, mir war das Risiko bewusst – ich hatte einen Film über Kinder mit Down-Syndrom gesehen und gedacht: Mit so einem Kind könnte ich leben. Eine schlimmere Behinderung war für mich nicht vorstellbar, vielleicht auch, weil ich keine Menschen mit Behinderung kannte. Doch dann fiel bei dem routinemäßigen Ultraschall in der 20. Woche auf, dass der Kopf unseres Kindes zu klein war. Und ab dem Moment gab es kein Halten mehr, ich geriet in die Maschinerie der Pränataldiagnostik, immer von dem Versprechen getrieben: »Wir finden heraus, was mit Ihrem Kind los ist, wir helfen – notfalls noch im Mutterleib …« Zunächst wurde Fruchtwasser entnommen, und nach ein paar Tagen stand fest: Trisomie 21, also das Down-Syndrom, ist es nicht. Außerdem erfuhren wir, was wir gar nicht wissen wollten: Es wird ein Mädchen. Da wir uns schon auf einen Namen geeinigt hatten, war sie für uns ab sofort Jolanda.

Die Mediziner suchten weiter, sahen, dass ihr Herz ein Loch hatte und ihr Gehirn anders strukturiert war, irgendetwas fehlte und etwas anderes war zu groß beziehungsweise zu klein. Aber sie wussten nicht, was das, was sie sahen, hieß, was es für Jolanda und ihr Leben bedeuten würde. Musste sie noch vor der Geburt am Herzen operiert werden? Würde sie nur eine Lernschwäche haben? Oder würde sie schwerbehindert sein? Oder gar nicht lebensfähig? Die Aussagen der Ärzte schwankten, jeder sagte etwas anderes. Ein Professor, der uns als Koryphäe empfohlen worden war, fuhr in der 23. Schwangerschaftswoche ein paar Minuten mit dem Ultraschallgerät über meinen Bauch und meinte: »Können Sie vergessen, das Kind.« Er wollte gleich einen Termin für die Abtreibung klären.

Wir waren natürlich völlig schockiert, uns glücklicherweise aber auch sehr schnell einig: Wir nehmen dieses Kind, wie es kommt. Es steht uns nicht zu, über seine Daseinsberechtigung zu entscheiden. Und in mir formte sich das erste Mal das Gefühl, der Satz, der mein Leben mit Jolanda prägte: »Ich begleite dich.«

Nach der Geburt folgten Monate im Krankenhaus, viele Untersuchungen, aber niemand konnte uns sagen, was Jolanda eigentlich hatte. Irgendwann, als alle diagnostischen Verfahren ausgereizt waren, die auf eine behandelbare Behinderung hingewiesen hätten, haben wir entschieden: Schluss jetzt. Denn diese

Untersuchungen waren ja zum größten Teil auch sehr schmerzhaft für Jolanda.

Die Ärzte versuchten uns zu überreden, weiterzumachen. Ihr Hauptargument: Wenn sie herausfinden würden, was Jolanda fehlt, könnten sie uns auch eine Prognose geben. Ganz abgesehen davon, dass uns niemand versprechen konnte, dass jemals eine zutreffende Diagnose gefunden werden würde, fragten wir uns: Wollen wir überhaupt eine Prognose haben? Was hieße es denn für uns, wenn wir wüssten, Jolanda könnte in einem bestimmten Alter sterben? Würden wir unser Leben mit ihr deshalb ändern? Wie groß wäre die Angst in dem angegebenen Zeitraum? Wären wir dann noch handlungsfähig? Und: Kann man sich auf den Tod eines geliebten Menschen überhaupt vorbereiten? Wir entschieden uns gegen weitere Untersuchungen, und so blieb Jolanda ein Kind ohne Diagnose – und ohne Prognose.

»Ich begleite dich« blieb mein Credo. »Ich begleite dich«, habe ich wütend gedacht, wenn ich einem Jungspund von Arzt Paroli bieten musste, weil er meinte, Jolanda bräuchte dringend eine Magensonde – und das sei doch auch für mich viel einfacher, denn schließlich müssten wir dann nicht mehr jeden Tag vier bis fünf Stunden lang füttern. »Ich begleite dich«, habe ich gebetet, wenn ich Jolanda nicht aus einem heftigen Krampfanfall herausholen konnte und der Notarzt ihr so starke Medikamente geben musste, dass die Lungen fast nicht mehr arbeiteten. »Ich begleite dich«, habe ich manchmal auch zu ihr gesagt, wenn ich ein schlechtes Gewissen hatte. Wenn ich nicht schaffte, was ich wollte, einfach weil die Erschöpfung so groß war. Denn in unserem Leben gab es ja auch noch unsere Arbeit und unsere große Tochter, sechs Jahre älter als Jolanda, die zu ihrem Recht kommen sollte.

Jolanda wuchs und gedieh normal, sie wog zum Schluss 46 Kilo. Sie kam mit drei Jahren in die Kita, mit fast sieben zur

Schule, und sie war ein echter Sonnenschein mit ihrem hellblonden engelsgleichen Haar und ihrem unglaublich ansteckenden Lachen. Sie war gern mit anderen Kindern zusammen, sie hatte sogar einen Freund, einen wilden, autistischen Jungen, der neben ihr zur Ruhe fand und es liebte, mit ihr zu kuscheln. Wenn ich sie aus der Kita abholte, wenn sie meine Stimme hörte, dann kiekste sie vor Vergnügen so laut und voller Freude, dass jedem, der es hörte, das Herz aufging. Nie zuvor und nie danach hat sich ein Mensch wieder so über mein Erscheinen gefreut.

Aber natürlich war das Leben mit ihr auch anstrengend. Jede Nacht musste ich aufstehen, sie drehen oder beruhigen. Ich war eigentlich immer hundemüde und das Heben ging mir auf den Rücken. Jolanda lernte nie laufen, sprechen oder auch nur sich zu drehen. Sie verstand einige Worte, blieb aber insgesamt auf dem Stand eines etwa drei Monate alten Kindes.

Doch wir gingen davon aus, dass sie alt werden würde. Denn das Loch in ihrem Herzen hatte sich nach der Geburt von selbst geschlossen, organisch war bei ihr, bis auf das Gehirn, alles in Ordnung. Und die Epilepsie, die sie ab ihrem dritten Lebensjahr entwickelt hatte, schien sich gerade auszuwachsen – jedenfalls wies das letzte EEG ein paar Monate vor ihrem Tod darauf hin, dass die Krampfbereitschaft deutlich abgenommen hatte.

Und dann dieser Morgen des 1. Oktober 2007. Die Tage vorher waren völlig normal gewesen. Jolanda hatte ihren Geburtstag genossen, hatte gegessen wie immer, viel gelacht wie immer – war aber nicht überdreht, was wir häufig als Vorbote eines Krampfanfalls beobachtet hatten. Nichts hatte darauf hingedeutet, dass es ihr nicht gut ging oder gar, dass sie sterben würde. Auch in der Nacht war nichts übers Babyfon, das wir natürlich immer am Bett hatten, zu hören gewesen. Das allerdings war ungewöhnlich. Denn normalerweise meldete sie sich ein-, zweimal in der Nacht und wir mussten sie neu lagern. Aber in dieser Nacht blieb alles still, nachdem wir sie gegen Mitternacht ein letztes Mal »eingekuschelt« hatten – Jolanda brauchte wenig Schlaf und plapperte und kicherte oft noch spät in ihrem Bett.

Wir wissen nicht, was in dieser Nacht passiert ist. Der Kinderarzt, der Jolanda seit ihrer Geburt kannte, kam sofort und hatte mehrere Vermutungen. Wir waren uns aber sehr schnell einig: Wir lassen es nicht untersuchen. Die Vorstellung, was mit Jolanda in der Rechtsmedizin passieren würde, war unerträglich für uns. Lieber wollten wir mit der Ungewissheit leben.

Ich habe mich oft gefragt, sehr oft, auch Jahre später noch, was geschehen ist – die Ungewissheit ist schwer auszuhalten. Und zur Trauer kamen Schuldgefühle. Hatten wir irgendetwas übersehen, irgendetwas versäumt? Trotzdem habe ich nie bereut, dass wir sie nicht haben obduzieren lassen. Gerade in den Tagen danach brauchte ich eine unversehrte Jolanda.

Wir konnten Jolanda in das Kinderhospiz Sternenbrücke bringen und dort aufbahren lassen. Sie war dort einige Male zur Kurzzeitpflege gewesen, viele Schwestern waren uns vertraut, die Räumlichkeiten sowieso. Und nun waren alle für uns da. Diese Zeit, diese Möglichkeit des Abschiednehmens, war unendlich wichtig. Wir durften Tag und Nacht, so lange wir wollten, bei Jolanda sein, wir wurden versorgt und getröstet, wir durften sie berühren und kamen damit dem Begreifen näher. Unsere Familien und Freunde konnten kommen, bei uns bleiben, und wir bemalten gemeinsam den Sarg. Dieser Ort, an dem Trauer leben darf, war für mich, für uns, wirklich ein Segen.

Genauso wie der Bestatter, der uns begleitete. Sehr ruhig, sehr achtsam, stand er uns zur Seite, wirklich wie der sprichwörtliche Fels in der Brandung, und ich hatte das Gefühl: Wir, unser Wohlergehen, sind ihm wichtig. Er war immer sofort da, wenn wir ihn brauchten, sagte, was getan werden musste und was getan werden könnte, drängte uns aber nie etwas auf. So wollten wir zum Beispiel, dass Jolanda bis zur Beerdigung, also von Montag bis Freitag, im Hospiz blieb. Das ist ein relativ langer Zeitraum, auch in einem Kühlbett. Der Bestatter machte es jedoch möglich, indem er jeden Morgen und jeden Abend nach Jolanda schaute. Und wenn die Aufbahrung nicht mehr möglich gewesen wäre, hätte er uns Bescheid gesagt und Alternativen vorgeschlagen. Das war unsere Verabredung, sie gab uns Sicherheit, und es war für uns eine große Erleichterung, dass Jolanda wirklich bis zur Trauerfeier im Hospiz bleiben konnte.

Auch bei der Gestaltung der Trauerfeier half uns der Bestatter. Es war seine Idee, dass wir am Grab keine Erde nachwarfen, sondern Blütenblätter – dafür werde ich ihm immer dankbar sein. Denn das Geräusch der Erde, die auf den Sarg poltert, hätte mich vermutlich mein Leben lang verfolgt. Er akzeptierte aber auch sofort, dass wir seinen Vorschlag, Luftballons steigen zu lassen, ablehnten. Einigen Eltern mag diese Symbolik guttun, uns war nicht danach.

Durch das Hospiz und diesen Bestatter fühlten wir uns gleich, nur wenige Stunden nach Jolandas Tod, seelsorgerisch aufgefangen. Und schon am Nachmittag kamen Freunde und Familienmitglieder. Diese Anteilnahme und dieses Sofort-da-Sein taten mir unendlich gut. Einige hatten Angst davor, Jolanda zu sehen. Aber ich glaube, keiner blieb draußen im Garten – es war ein sonniger Tag –, alle konnten sich in dieser ganz besonders geschützten Atmosphäre, die das Hospiz bietet, auf ihre Weise Jolanda nähern.

Meine Schwestern bildeten eine Art Schutzhülle um mich herum, sie kümmerten sich um unsere große Tochter, riefen Freunde an und organisierten einiges für die Trauerfeier. Es muss ja so viel gleich bedacht und erledigt werden, jedenfalls dann, wenn man so unvorbereitet ist, wie wir es waren.

Wir wollten eine Erdbestattung, das muss man ja sehr schnell entscheiden, und glücklicherweise waren wir uns einig, eine Einäscherung von Jolanda kam für uns beide nicht infrage. Nicht auszudenken, wenn wir uns hätten streiten müssen. Ich wusste, in diesem Moment und in dieser Frage wäre ich zu keinerlei Zugeständnis bereit gewesen. Jolandas Vater und ich waren schon seit Jahren geschieden, aber in dieser Zeit standen wir uns wieder sehr nah. Er behielt in den ersten Tagen den klareren Kopf, übernahm vieles, ich konnte mich ganz auf ihn verlassen. Dafür bin ich ihm noch immer dankbar.

Auch eine Grabstelle fanden wir schnell. Jolanda hat einen großen sonnigen Platz auf einem Friedhof ganz in meiner Nähe. Und es ist schön für mich zu wissen, dass ich irgendwann auch dort liegen werde. Das klingt vielleicht merkwürdig. Und es ist überhaupt nicht so, dass ich diesen Termin herbeisehne, ich bin kein Stück lebensmüde, aber den Platz zu kennen, und irgendwann wieder neben Jolanda liegen zu können – ja, das beruhigt mich, das bedeutet mir viel.

Ganz besonders dankbar bin ich noch immer für die Worte, die Pastor Dr. Steinmann in seiner Traueransprache auf Jolanda fand. Er kannte sie nur wenig. Da sie gern und oft laut lachte, bin ich selten mit ihr zum Gottesdienst gegangen. Aber wir haben ihm im Vorgespräch natürlich von ihr erzählt. Und er hat es wunderbar verstanden, Jolandas Leben zu würdigen.

Seine Predigt hat mich unglaublich getröstet. Darum möchte ich hier einige Sätze daraus zitieren:

Jolanda lebte ganz und gar in der Gegenwart. Sie kannte im Grunde keine Vergangenheit und auch keine Zukunft. (…)
Sie lebte von der liebevollen Zuwendung, die ihr galt. Tag für Tag erlebte sie das Gute, das Wärmende, das sie glücklich Machende dieser Zuwendung. (…)
Wir haben vielleicht andere Vorstellungen vom Paradies. Aber ist dies nicht auch ein wenig Paradies auf Erden gewesen?
Und wenn es Gottes Ewigkeit gibt, dann zeichnet sich diese Ewigkeit eben dadurch aus, dass es keine Vergangenheit und

auch keine Zukunft gibt, weil die ganze Wirklichkeit immer und völlig präsent Gegenwart ist.
Wer keine Wahrnehmung für das Vergangene und für das Zukünftige hat, wer ganz im Hier und Jetzt versinkt und lebt, der lebt im Grunde so, als wenn die Zeit nicht befristet wäre.
Vor diesem Hintergrund sind die neun Jahre Lebenszeit, die Jolanda auf Erden geschenkt worden sind und die uns viel zu kurz vorkommen, im Grunde schon ein Stück Ewigkeit gewesen – Ewigkeit, die für sie den Himmel, den sie jetzt bei Gott erfahren darf, bereits vorweggenommen hat.

Sind das nicht wunderbare Gedanken? Dieses Leben, das wir als so begrenzt und eingeschränkt wahrgenommen haben, bekommt durch diese Worte eine andere Dimension, finde ich. Und Pastor Steinmann erkannte in Jolanda auch einen Menschen, von dem wir ganz viel lernen konnten. Damit sprach er mir und vielen anderen, die Jolanda lieb gewonnen hatten, aus der Seele:

Wir dürfen auf ein sehr reiches Leben zurückblicken. Jolanda hat ihre Lebenszeit genutzt, um ihre Umgebung, um die Menschen, die ihr zugewandt waren, glücklich zu machen. Und sie hat es geschafft, ihnen durch ihr Dasein ein völlig neues Verständnis für den Sinn des Lebens und für Gott zu eröffnen. Wer von uns ist dazu in der Lage? Dieses Handwerk beherrschen nur die Engel Gottes. (…)
Sie hat uns gelehrt, ausgetretene Pfade zu verlassen und in der Balance zwischen Leben und Tod neue Maßstäbe zu finden.
Jesus von Nazaret ist auch so jemand gewesen, der aus der Verbindung mit dem Himmlischen, der aus der Erfahrung der unmittelbaren Nähe und Zuwendung Gottes heraus die Dinge dieser Welt neu beschrieben und die Erfüllung menschlichen Lebens neu definiert hat.

Es geht nicht um das Haben, sondern es geht um das Sein. Und das Haben findet nur in diesem Sein seine Erfüllung. Dieses Sein ist das Sein der Liebe, das Sein des Lichts, das Sein der Barmherzigkeit, das Sein, das uns aufgetragen ist, als Spiegel Gottes in die Dunkelheit dieser Welt hineinzubringen.
Jolanda Baumgarten hat diese Aufgabe in wunderbarster Weise erfüllt.

Wieder und wieder habe ich diese Ansprache gelesen. Am Anfang täglich. Auch jetzt lese ich sie noch, wenn ich traurig bin. Dass eine Traueransprache so hilfreich sein kann, so tröstend – das hat mich Jahre später zu einer beruflichen Neuorientierung bewogen.

Doch in den ersten Wochen war ich wie gelähmt. Alles erschien mir riesig, monströs, gedehnt. Jede Bewegung strengte an, alles war mühsam, ging langsam, zäh wie in Zeitlupe.

Am liebsten saß ich in meiner Sofaecke und hörte Mozarts *Requiem*. Die vielen Karten und Beileidsschreiben, die mit der Post kamen, stellte ich um mich herum auf die Fensterbänke, fast wie eine Mauer.

Eigentlich tat mir jede Art von Mitgefühl gut. Unangenehm waren mir Menschen, die sich aufdrängten, die mich nicht fragten, was ich jetzt bräuchte, sondern einfach loslegten oder auch noch meinten, mir erzählen zu müssen, wie ich mich jetzt zu fühlen hätte. Eine konkrete Begebenheit ist mir in Erinnerung geblieben: Eine kinderlose Verwandte, die als Psychologin arbeitet, meinte, meine Trauer sei ja verständlich, aber nun müsse ich eben loslassen … Ich habe das Telefonat sehr schnell und nicht eben freundlich beendet.

Professionelle Unterstützung habe ich ein paar Wochen später für unsere damals fast 15-jährige Tochter organisiert. Denn natürlich war es für sie ebenfalls unendlich schwer, ihre kleine

Schwester zu verlieren – und ich konnte ihr als trauernde Mutter viel zu wenig Unterstützung geben.

Oft sagten Freunde zu mir: »Melde dich, wenn du mich brauchst.« Das war mit Sicherheit auch gut gemeint, aber: das funktionierte nicht. Ich mochte nicht anrufen, wenn es mir schlecht ging. Gerade dann nicht. Weil ich nicht stören wollte, weil ich niemanden mitreißen wollte in meine finstere Stimmung, weil ich mich als Zumutung empfand. Aber es war schön, wenn jemand vor der Tür stand und fragte: »Gehst du ein paar Schritte mit mir?« und auch Verständnis hatte, wenn ich sagte: »Jetzt gerade nicht – aber komm doch rein auf einen Kaffee.«

Zwei Wochen nach Jolandas Tod wollte ich an meinen Arbeitsplatz zurückkehren. Doch kurz bevor ich losfahren wollte, bekam ich den ersten Hexenschuss meines Lebens – und zwar so heftig, dass ich mich kaum noch bewegen konnte. Im Nachhinein denke ich: Mein Körper hat mich ausgebremst. Es wäre viel zu früh gewesen. Ich war noch so zitterig, es war gut, dass der Arzt mich noch länger krankschrieb.

Vier Wochen später nahm ich dann tatsächlich wieder meine Arbeit als Redakteurin auf. Die Rückkehr in die Redaktion war zunächst schwer und tränenreich, auch weil mich viele Kolleginnen in den Arm nahmen, noch mal ihr Mitgefühl ausdrückten. Das tat gut, und es ist ja auch gar nicht schlimm, zusammen zu weinen, ich war darauf nur nicht vorbereitet – im Nachhinein vielleicht naiv.

Was schwerer wog: Mir wurde die Journalisten-Welt und ihre Denke immer fremder. Manche Aufgeregtheiten kamen mir einfach lächerlich vor, und an manchen Diskussionen konnte ich mich gar nicht beteiligen, weil sie sich für mich auf einem anderen Planeten abspielten.

Tatsächlich habe ich mich manchmal einsam gefühlt. Nicht, weil niemand da gewesen wäre, mit dem ich hätte reden können. Ich hatte meinen Partner, meine Schwestern und auch gute Freunde, die für mich da waren. Es war mehr das Gefühl, dass mich und meine merkwürdigen Gedanken, die immer und immer um Jolanda kreisten, eigentlich keiner verstehen konnte.

Was mir guttat in dieser Zeit war, mich mit Jolanda zu beschäftigen – auf die Weise, die nun noch möglich war. Schon bald nach der Trauerfeier begann ich, ein Fotoalbum von ihr anzufertigen, das erste Mal digital. Das Heraussuchen der Bilder, das Gestalten des Buches – es tat weh, aber es war ein wohltuender Schmerz, wie bei der Massage einer völlig verspannten Stelle.

Ähnlich erging es mir mit dem Grab: Zusammen mit meiner Schwester überlegten wir die Bepflanzung. Ich klärte mit dem Friedhofsgärtner meine etwas ungewöhnlichen Ideen – und verbrachte viele, viele Stunden damit, das Grab zu gestalten. So konnte ich noch etwas tun für Jolanda und ihr nah sein. Immer noch empfinde ich die Zeit an ihrem Grab als heilsam, auch wenn ich schon lange nicht mehr täglich hinfahre.

Das ganze erste Jahr war wirklich ein intensives Trauerjahr, mit unberechenbaren Gefühlsausbrüchen und Wendungen. So hatte ich zum Beispiel einer Freundin, die ihren 50. Geburtstag im Mai groß feiern wollte, zugesagt. Kurz vorher merkte ich aber: Ich kann unmöglich dort hingehen. Mir war weder nach Tanz noch nach nettem Small-Talk. Glücklicherweise hatte sie Verständnis für meine kurzfristige Absage.

Fast täglich fragte ich mich in den ersten Monaten: Was war an diesem Tag vor einem Jahr mit Jolanda? Besonders schwer waren die Festtage. Und Jolandas Geburtstag, der ja so nah an ihrem Todestag liegt, stand mir enorm bevor. Ich wusste, ich brauchte für diese Zeit einen Plan. Am liebsten wäre ich in ein Kloster abgetaucht, aber das ging natürlich nicht, ich wollte ja unsere Große nicht alleinlassen und außerdem in der Nähe des Grabes sein.

Einige Wochen vor dem Jahrestag hatte ich für mich geklärt: Ich nehme Urlaub und bin für niemanden erreichbar. Ich schaltete Telefon und Computer aus – und werde mich das erste Mal in meinem Leben daran wagen, eine Figur aus Speckstein zu formen. Eine Figur für ihr Grab, ein Abbild der Figur, die ich in Kleinformat habe und die meine Gefühle für Jolanda in sich vereint.

Ich bat den Steinmetz, der oft Eltern aus dem Kinderhospiz unterstützt, mir zu helfen, er besorgte einen Stein, schnitzte die groben Formen – und dann versenkte ich mich zehn Tage lang ganz in die Gestaltung dieser Figur. Hörte meinen Mozart. Guckte mit meiner großen Tochter Fotos an. Las die Predigt und die Beileidsbekundungen und schmirgelte und feilte.

Und in der Nacht, in der Jolanda ein Jahr zuvor gestorben war, setzte ich mich vor die Bilder, die ich von ihr aufgestellt hatte, und zündete Kerzen an. Ich las die Trauerpredigt mehrfach und hielt eine Art Wache. Ich wollte so gern fühlen, verstehen, was mit ihr geschehen ist.

Und dann, gegen Morgen, empfand ich es plötzlich als große Gnade – sowohl das Leben mit Jolanda als auch ihren Tod. Alles schien in Ordnung, genau so, wie es gewesen ist. Ihr ganzes Leben war eine Gnade, keine Selbstverständlichkeit. Dass wir sie überhaupt bei uns haben durften, war eine Gnade. Nichts in meinem Leben hat mich mehr verändert, mehr geprägt. Und auch ihren Tod konnte ich nun als Gnade sehen, denn dadurch ist Jolanda viel erspart geblieben.

Sie hatte zum Beispiel eine starke Skoliose, die sich trotz des Korsetts, in das ich sie jeden Tag zwängen musste, nicht aufhalten ließ. Ein Arzt meinte, sie könne irgendwann nicht mal mehr im Rollstuhl sitzen, ein anderer wollte die Wirbelsäule mit Platinstäben versteifen. Da sie aber noch wuchs, hätte die OP alle paar Monate wiederholt werden müssen, inklusive sechs Wochen Bauchlage nach jeder Operation. Diese Lage hasste sie aber schon ohne Wundschmerz und Krankenhausaufenthalt. Was wäre das für eine Quälerei für sie geworden.

Tatsächlich habe ich in dieser Nacht eine Art Frieden mit dem Tod von Jolanda gefunden. Nicht, dass ich von da an nicht mehr traurig war. Ich vermisse noch oft ihr Lachen, ihr Strahlen, ihre unglaublich weiche Haut. Aber sie lebte in einer Art anderen Dimension und ihr Leben ist mit unseren Maßstäben nicht zu ermessen. Manchmal träume ich von ihr. Immer kann sie in meinen Träumen sprechen. Und jedes Mal gibt sie mir zu verstehen: »Alles ist gut, Mama.«

Jolanda ist ein Teil von mir geworden, sie hat meine Maßstäbe unwiderruflich verschoben. Das Leben mit ihr färbt bis heute durch. Wenn ich ausdrücken sollte, wie sich mein Leben seither anfühlt, würde ich sagen: blau. Früher war meine Lieblingsfarbe Rot, in allen Variationen. Seit Jolandas Tod ist es Blau, zuerst nur in den dunklen Tönen, doch dann kamen auch die helleren wieder dazu.

Drei Jahre nach Jolandas Tod habe ich Sabbatmonate bei meinem Arbeitgeber beantragt, bin fast sechs Wochen durch die USA gereist und habe diese Freiheit, die ja vorher unmöglich gewesen wäre, genossen. Und: Ich habe drei Monate bei dem Bestatter hospitiert, der uns so einfühlsam begleitet hat. Ich wollte seine Arbeit näher kennenlernen, hatte aber keine klare Idee, wohin das führen sollte, merkte nur, dass mir viele Veränderungen im Journalismus immer mehr gegen den Strich gingen.

Und dann entdeckte ich durch diese Hospitanz eine neue Aufgabe für mich: Traueransprachen. Zuerst übernahm ich nur Aufträge an meinen freien Freitagen, ich war ja teilzeitbeschäftigt. Doch seit über einem Jahr arbeite ich nun hauptberuflich als Trauerrednerin. Und ich wünsche mir sehr, dass ich den Angehörigen ähnlich viel Trost spenden kann, wie mir damals Pastor Steinmann mit seiner Ansprache auf Jolanda. Noch habe ich keine Rede auf ein verstorbenes Kind gehalten – ich weiß auch nicht, ob ich das jemals kann. Aber ich weiß: Diese neue, mich so erfüllende Aufgabe habe ich Jolanda zu verdanken. Und so, wie ich ihr versprochen hatte, sie zu begleiten – so fühle ich mich jetzt von ihr begleitet.

Ohne Freunde und Familie hätten wir es nicht geschafft

Sarah war ein ganz gesundes Kind. Bis sie an einer Pneumokokken-Sepsis erkrankte, die eine Meningitis auslöste und zum Hirntod führte. Ihre Eltern verloren ihre einjährige Tochter innerhalb von zwölf Stunden. Vier Monate später wurde Anja Jacquemin wieder schwanger. Sarahs Lücke wird trotzdem nie zu schließen sein, erzählt sie.

Wir waren die Bilderbuchfamilie, wir waren die mit der schönen Ehe, den gut laufenden Jobs, den vielen Freunden, den lieben Kindern. Nach der unkomplizierten Geburt von Sophia kam sieben Jahre später unsere Sarah. An die schönen Momente mit Sarah kann ich mich noch nicht wieder erinnern, noch sind die Erlebnisse im Krankenhaus zu präsent.

Es fing mit einem Magen-Darm-Infekt und hohem Fieber an. Weil Sarah so merkwürdig schläfrig wirkte, fuhren wir am Sonntag in die Klinik und wurden mit fiebersenkenden Medikamenten wieder nach Hause geschickt. Zur Kontrolle sollten wir zwei Stunden später wiederkommen und blieben dann doch zur Beobachtung über Nacht auf Station. Am Montag wären wir eigentlich entlassen worden. Aber Montag früh fing Sarah an, komisch zu taumeln. Ich war erschrocken und holte die Ärzte, und die wollten eine Meningitis ausschließen. Als Krankenschwester wusste ich sofort, dass das nichts Gutes bedeutet.

Meine Eltern waren gerade auf der Autobahn Richtung Urlaub. Obwohl noch keine akute Lebensgefahr bestand, drehten sie sofort um und kamen zurück. Ich bin niemand, der schnell Panik bekommt, aber sie merkten wahrscheinlich schon an meiner Stimme, dass ich wahnsinnige Angst hatte. Plötzlich ging alles ganz schnell. Sarah wurde auf die Intensivstation verlegt und wenige Stunden später war sie ein schwer krankes Kind. Sie musste beatmet werden und ich saß schockiert eine Etage weiter oben in ihrem Patientenzimmer und hatte solche Angst, dass ich mich mehrfach übergeben musste. Ich spürte, dass es kein gutes Ende nehmen würde. Deshalb wollte ich nichts sehen, nichts hören, nichts wissen und weigerte mich, auf die Intensivstation zu gehen. Mein Mann blieb ganz ruhig, ihm war gar nicht bewusst, wie ernst es um Sarah stand. Das sagte er mir später. Jede Viertelstunde kam er zu mir hoch und berichtete mir, was die Ärzte als Nächstes vorhaben und wie es Sarah ging. Nach zwei Stunden reichte es ihm und er sagte zu mir: »Die Sarah braucht uns jetzt beide, die braucht dich wie mich, du musst jetzt zu ihr nach unten kommen!« Damit riss er mich aus meiner Schockstarre und ich funktionierte wieder und ging endlich mit.

Sie tat sich mittlerweile mit dem Atmen schwer und bekam eine Atemhilfe. Nach einem Ultraschall am Kopf erklärten sie uns, dass wir unser Kind nicht in dem Zustand wiederbekommen würden, wie wir mit ihr hergekommen waren, und dass ziemlich wahrscheinlich eine Behinderung bleiben würde und Sarah nach dem Krankenhausaufenthalt taub oder blind sein könnte. Wir waren erschrocken, aber natürlich hätten wir damit leben können. Die Hauptsache war, wir behalten sie. Aber ihr kleiner Körper war durch den Darminfekt so geschwächt und mit dem hohen Fieber beschäftigt, dass er die Bakterien, von denen zu dem Zeitpunkt niemand wusste, wie sie hießen und welches Mittel gegen sie wirkte, nicht mehr abwehren konnte.

Unsere ältere Tochter Sophia wurde währenddessen von den Nachbarn gehütet. So sprach sich schnell herum, dass wir mit Sarah in der Klinik waren. Unsere Freunde schickten besorgte WhatsApp, ob wir irgendetwas brauchen. Meine Freundinnen brachten mir eilig Unterwäsche, Shirts, eine Bürste und Socken, ihre persönlichen Sachen, die man sich nur in der größten Not von anderen ausleiht und die deshalb für mich zu einem Symbol für unsere enge Freundschaft geworden sind. Ich könnte sie niemals wegschmeißen und benutze sie noch immer an besonders schweren Tagen, wenn ich das Gefühl habe, dass ich Beistand von lieben Menschen brauche.

Die ersten Freunde kamen am Montag zu uns in die Klinik, einfach um für uns da zu sein. Meine besten Freundinnen brachten mir Zigaretten. Ich rauchte eigentlich nur mal eine, wenn es lustig war, aber in der Klinikzeit brauchte ich vier Schachteln am Tag und war froh, dass niemand sagte: »Das muss doch jetzt nicht sein!« Zwei Monate später hörte ich wieder auf.

Immer mehr Freunde und unsere Eltern machten sich auf den Weg zu uns in die Klinik. Am Ende saßen gut 30 Personen auf der Treppe vor dem Eingang, als würden sie eine Art Mahnwache halten. Mein Mann und ich gingen immer mal zu ihnen raus, besprachen, was die Ärzte gesagt hatten und auch unsere große Angst. Wenn ich nicht weinte, weinten Lars oder die Freunde. Es war ganz mild draußen, obwohl wir Anfang Oktober hatten.

Wir entschuldigten uns bei den Ärzten und Schwestern für die Unruhe und die antworteten, sie hätten so viel Präsenz und Rückhalt durch Freunde noch nie erlebt. Wenn das für uns nicht zu viel sei und wir Rücksicht nähmen auf die anderen Patienten, dann sei es völlig in Ordnung. Auch die Schwester vom Spätdienst und die Nachtschwester saßen zwischenzeitlich bei unseren Freunden auf der Treppe. Nachts fuhren alle nach Hause und morgens um sechs waren die Ersten schon wieder da.

Montagabend holte jemand meine Schwiegermutter aus ihrer gut 60 Kilometer entfernten Reha. Mir war ganz wichtig, dass sie nicht am Telefon erfährt, was gerade mit ihrer Enkelin passiert, und dass sie nicht die Einzige ist, die nicht dabei ist. Mein Mann informierte meinen Bruder, der in der Nähe von München wohnt. Er fuhr noch in derselben Nacht los, um für uns da zu sein. In der Zwischenzeit schoben sie Sarah ins MRT, um zu überprüfen, ob noch Hirnaktivität da ist. Im anschließenden Arztgespräch erfuhren wir, dass unser Kind hirntot ist. Wir haben unsere immer kerngesunde Tochter innerhalb von zwölf Stunden verloren.

Zuerst war ich vor Schock wie erstarrt, ich konnte es nicht begreifen. Dann habe ich gebrüllt, geschrien, sie haben mich halten müssen, damit ich nicht irgendwo gegenrenne. Unsere Freunde und unsere Familien waren da, sie weinten und schrien draußen auf der Treppe mit uns, und wir konnten uns fallen lassen. Erst später wurde mir bewusst, wie wichtig es war, dass sie von Anfang an alles mitbekommen hatten und dass wir in diesen Tagen alle Hemmungen voreinander verloren haben und Lars und ich nie erklären mussten, wie wir uns fühlten.

Sarah war hirntot. Sie sagten uns aber, dass es noch mehrere Tage dauern könne, bis die beruhigenden und schmerzstillenden Medikamente in ihrem Körper abgebaut seien und dass sie erst dann den Beatmungsschlauch ziehen könnten und alle lebenserhaltenden Maßnahmen einstellen würden. Es war in dem ganzen Schock und Schmerz für uns ein Glück, dass wir nicht sofort den Bestatter rufen mussten. Dass wir Zeit hatten, immer und immer wieder zu ihr zu gehen, sie zu streicheln, in Ruhe Abschied zu nehmen und zu verstehen, was überhaupt passiert war. Auch unsere Freunde durften noch einmal zu Sarah hinein.

Die Krankenschwestern überließen uns für die nächsten Tage ein Arztzimmer, in dem wir schlafen konnten, und teilten ihr Abendessen mit uns. Nur einer störte in diesen Stunden. Das war der Seelsorger. Er grabbelte an meinem Arm herum und erzählte mir etwas vom lieben Gott. Ich bin nicht gläubig. Ich wollte das nicht, schüttelte ihn ab und sagte, er solle mich in Ruhe lassen. Die Intensivschwestern schlugen vor, Fußabdrücke von Sarah auf Papier zu machen. Zusätzlich wollte ich Gipsabdrücke von ihren Füßen anfertigen, und sofort besorgte eine Freundin von mir den Gips. Heute stehen diese Gipsabdrücke in unserem Gedenkregal im Wohnzimmer und mein Mann, Sophia und ich tragen die Fußabdrücke in kleinen Kettenanhängern um den Hals.

Und dann kam mir plötzlich in den Sinn, dass ich das Herz von Sarah spenden möchte. Wenigstens ihr Herz sollte weiterschlagen. Für meinen Mann war die Vorstellung zuerst furchtbar, das gestand er mir später. Auf meinen Wunsch hin kam sofort jemand von einer Organspende-Organisation und die Operation wurde für den Donnerstag angesetzt. Es hieß, wir würden Sarah nur mit einem kleinen Pflaster auf der Brust zurückbekommen. Aber schon am Mittwoch versagten ihre Organe und auf Krampf wollten wir die Transplantation nicht durchziehen, denn dafür hätten wir sie künstlich am Leben erhalten müssen. Mittags zog der Arzt im Beisein von Lars, mir, meinem Bruder und drei besten Freundinnen den Beatmungsschlauch. Da nahm ich sie hoch, die Sarah. Ich kuschelte mit ihr, das war mir so ein Bedürfnis. Wichtig war mir auch ein letztes gemeinsames Foto, auch wenn sich ihre Gesichtszüge schon verändert hatten. Die Bilder, die in diesen besonderen Momenten entstanden, schenkte uns mein Schwiegervater ein Jahr später zu Weihnachten in einem Fotoalbum über Sarahs Lebensjahr. Er sagte, dass wir das Album erst öffnen sollen, wenn wir wirklich so weit sind. Bis heute ist es verschlossen geblieben. Ich kann bisher nur meine Lieblingsbilder anschauen, die ohnehin immer bei uns an der Wand hingen. Die Fotos, die bei Freunden in Bilderrahmen stehen oder in einer Datei auf meinem Computer abgespeichert sind, tun mir noch zu sehr weh.

Als wir ohne unser Kind wieder nach Hause kamen, hatten meine Eltern die schmutzige Wäsche von Sarah schon in einen Sack geräumt und zu Hause bei sich aufbewahrt, um sie mir Monate später wiederzugeben. Auch die benutzten Lätzchen, die Schnuller, die herumlagen, ihre Trinkflasche, das Schälchen mit Brei, das noch in der Küche stand. Meine Mutter wollte nicht, dass wir über diese Sachen stolpern, und für dieses Feingefühl bin ich ihr so dankbar. Es war schon furchtbar genug, wieder zu Hause zu sein – ohne Sarah.

Für die Beerdigung wünschte ich mir einen weißen Sarg. Weil es keinen gab in Sarahs Größe, ließen wir einen anfertigen und von einer Künstlerin bunt anmalen. Mit Blumen und einem Esel, denn zur Sarah gehören die kleinen Esel. Auch auf ihrem Grabstein ist einer eingemeißelt. Als verletzend empfanden wir das Verhalten der Angestellten des Friedhofs. Es hieß, wir hätten genau eine Dreiviertelstunde Zeit für die Zeremonie, jede weitere angefangene Stunde koste 80 Euro, obwohl an diesem Tag niemand sonst angemeldet war. Es ging mir nicht um das Geld, es ging mir um die bürokratische Kälte. »Ich beerdige mein Kind und keinen alten Menschen, der sein Leben gelebt hat, ich kann nicht wissen, wie lange es dauert, mich von meinem Kind zu verabschieden«, sagte ich. Wir wurden gefragt, ob wir Glockengeläute möchten oder nicht, und informiert, dass das Anschalten eines CD-Players 30 Euro koste. Mir kam dieser nüchterne Katalog, in dem ich aussuchen und bestellen sollte, absurd vor. Gut wäre gewesen, wenn sie gesagt hätten: »Liebe Eltern, wir kriegen alles hin, machen Sie sich keine Sorgen, Sie sind heute ohnehin die Einzigen hier.« Wir fühlten uns überfordert und wussten nicht, wie wir entscheiden sollen. Zum Glück suchten meine Freundinnen nach passenden Liedern, kümmerten sich um die Luftballons, die wir steigen lassen wollten, und um Teelichter, damit jeder mit einem kleinen Lichtlein an Sarahs Sarg herantreten konnte. Und am Ende der Zeremonie zogen Lars und ich ihre Spieluhr auf.

Niemand war in Schwarz zur Beerdigung gekommen. Kinder und Schwarz, das passt nicht zusammen, Schwarz hätte uns erdrückt. Nach der Beerdigung kümmerten sich unsere Freunde und Nachbarn um das Kaffeetrinken. Sie stellten ein Zelt in unseren Hof, einer hatte Kuchen gebacken, jemand beschaffte Geschirr, damit wir nicht abwaschen mussten, und wieder jemand anderes brachte Kaffee mit. Wir wohnen in einem Hof wie zu DDR-Zeiten, jeder kennt jeden, und so hatte sich wie ein Lauffeuer herumgesprochen, dass es Sarah immer schlechter ging und wir ohne sie wieder heimgekommen waren.

Unsere Freunde kannten sich bis dahin nur flüchtig über verschiedene Feste bei uns zu Hause. Während Sarah im Krankenhaus um ihr Leben kämpfte, gründeten sie mit unseren Verwandten eine WhatsApp-Gruppe, um zu besprechen, wie sie uns unterstützen können. Nach Sarahs Tod wurde diese Gruppe einfach weiter genutzt für Fragen wie: Wer kümmert sich um die Luftballons für die Beerdigung? Wer bringt Gips mit für den Fußabdruck? Wer kennt einen guten Steinmetz für den Grabstein? Wer kann eine finanzielle Spende beitragen für die Beerdigung? Diese stillen Planungen im Hintergrund erleichterten uns in dieser Ausnahmesituation vieles. So sind wir ein einziger großer Freundeskreis geworden.

Am Tag der Beerdigung hatte ich Tabletten genommen, die so gut wirkten, dass ich fast schon zu gut drauf war. Als Lars und ich bei uns im Hof von allen zusammen eine Spende in Höhe einer vierstelligen Summe überreicht bekamen mit den Worten, dass wir uns wenigstens keine Sorgen um das Geld für den Grabstein und die Beerdigung machen sollen, waren wir unbeschreiblich dankbar. Noch heute bekomme ich eine Gänsehaut, wenn ich daran denke. Wir hatten keine finanziellen Rücklagen, ich weiß nicht, wie wir das alles sonst bezahlt hätten.

Drei Wochen nach Sarahs Tod fuhren wir für drei Tage in den Spreewald, um mal rauszukommen, auch unserer Sophia zuliebe. Unsere große Tochter tat uns gut, auch weil sie nicht weinte und nicht sichtbar trauerte. Sie wollte nach wie vor Spaß haben, etwas erleben, verreisen. Aber als wir dann weg waren von zu Hause, mussten wir ständig daran denken, dass Sarah jetzt allein auf dem Friedhof liegt und wir nicht zu ihr können. Es fühlte sich nicht richtig an, so, als hätten wir sie zurückgelassen. Und es ist ja auch nicht zu begreifen: Zuerst ist man zu zweit, dann zu dritt, dann zu viert und alles ist gut, und plötzlich ist man wieder zu dritt. Irgendwie ging das nicht in meinen Kopf. Auch dass ich keinen Brei mehr kochen musste und keine Windeln mehr wechseln sollte – ich kapierte es nicht und war erleichtert, als ich wenigstens wieder auf den Friedhof gehen konnte.

Sarahs Grab liegt auf einer schönen großen Wiese, da, wo die Sonne hinscheint, wo Blumen blühen und viel Platz ist. Mir war wichtig, dass alles so schnell wie möglich picobello aussieht. Dass der Stein steht, dass wir die Umrandung machen und Blumen pflanzen können.

So wie ich früher ständig im Kinderzimmer nach dem Rechten sah, gingen wir jetzt mehrmals täglich auf den Friedhof und überprüften, ob alles okay ist bei Sarah. Ob die Kerzen brennen und die Blumen noch frisch sind. Ihr Kinderzimmer können wir nicht mehr aufräumen, aber das Grab soll immer schön aussehen.

In den ersten sechs Wochen nach ihrem Tod zogen Lars und ich häufig zusammen los und kauften Engel für das Erinnerungsregal. Wir stellten ihr Lieblingsspielzeug, Fotos und ihre Kuscheltiere hinein. Unsere Wohnung ist bis heute voll von Engeln, jeder einzelne erinnert uns an Sarah. Dass sie nicht vergessen wird, das ist uns so wichtig. Auch dass die Kita ihr Foto nicht von dem großen Plakat nahm, auf dem alle Kinder ihrer Gruppe vorgestellt werden, und dass sie auf diese Weise immer noch da ist, das bedeutet uns viel.

Es gab Abende, an denen wir es nicht ertrugen, zu Hause alleine zu sein. Dann riefen wir unsere Freunde an oder wurden angerufen und saßen alle zusammen im Wohnzimmer, unternahmen etwas zusammen und lenkten uns irgendwie ab.

Mir hätte es in der ersten Zeit sehr geholfen, mit jemandem zu sprechen, der ein Kind im selben Alter wie wir verloren hat. Einmal trafen wir uns mit einem Paar, dessen Kind nur drei Tage alt geworden war und das wir bei einem Treffen mit anderen verwaisten Eltern kennengelernt hatten. Wir fühlten den gleichen Schmerz, aber sie konnten nicht nachvollziehen, wie es uns ging, und wir konnten nicht nachvollziehen, wie es ihnen ging. Es half mir auch nicht, mich mit Eltern auszutauschen, deren Kind schon kurz nach der Geburt gestorben war oder vor ganz vielen Jahren. Mir hätte der Kontakt zu Eltern gutgetan, deren Kleinkind so plötzlich starb wie Sarah, und so suchte ich im Internet nach Gleichgesinnten. Ich gab Stichworte wie Sternenkinder, Sterntaler, Sternenzauber in die Suchmaske von Facebook ein und fand die Gruppe »Sterntaler« in der Schweiz, die Eltern mit schwerstkranken und verstorbenen Kindern eine Plattform zum gegenseitigen Austausch gibt und Spenden organisiert. Ich verfolgte die Posts eine Zeit lang und entdeckte so das Mapapu, eine Mama-Papa-Puppe, ein Seelentröster, der von einer Hamburger Firma auf Wunsch aus den Kleidungsstücken verstorbener Kinder genäht wird. Diese Idee gefiel mir sehr, aber ich zuckte zusammen, als ich erfuhr, was diese Fantasiepuppe kostet. Aber die »Sterntaler«-Gruppe suchte prompt über ihre Facebookseite Menschen, die uns das Mapapu schenken wollten. Wir waren so glücklich darüber und schickten kurz darauf besonders lieb gewonnene Kleidungsstücke von Sarah an die kleine Firma.

Zum Beispiel ein Kleid, das sie bei einer Hochzeit getragen hatte und in dem unser Mautzel so richtig kernig und knuffig aussah. Dazu eine Mütze und ein T-Shirt mit Snoopy drauf. Inzwischen sitzt das Mapapu bei uns auf dem Sofa.

Nach sechs Wochen ging mein Mann wieder zur Arbeit und weitere sechs Wochen später hatte auch ich wieder einigermaßen Kraft und Nerven für meinen Job. Ich arbeite in einem ambulanten Pflegedienst. Anfangs fehlte mir die Geduld für diese Menschen, die so alt werden dürfen, während Sarah so früh starb. Ich merkte, dass mich kleine Ärgernisse, die ich normalerweise an mir abprallen ließ, schnell wütend und vielleicht auch ungerecht machten und dass ich weniger Verständnis als früher dafür hatte, angemeckert zu werden, bloß weil ich fünf Minuten zu spät kam. Aber mit der Zeit gewöhnte ich mich wieder ein, auch dank meiner rücksichtsvollen Kollegen.

Eine enge Freundin von mir hoffte damals schon länger, zum zweiten Mal schwanger zu werden. Ein paar Wochen nach Sarahs Tod fragte ich sie spontan, was denn nun los sei mit ihrem Zyklus. Ich wusste, dass sie sich ein zweites Kind wünscht. Sie guckte mich ganz erschrocken an und sagte: »Du glaubst nicht wirklich, dass ich jetzt noch eine Schwangerschaft plane, nach dem, was euch passiert ist? Das wollen wir euch nicht antun. Wir warten.« Diesen Verzicht aus Rücksicht wollte ich auf keinen Fall, und das sagte ich ihr. Sie fiel mir um den Hals, und wenige Monate später, als sie bereits schwanger war, gestand sie mir, dass es ohne meinen Zuspruch nicht so bald passiert wäre.

Auch Lars und ich wünschten uns, dass wieder Leben da ist, dass wir wieder eine Aufgabe bekommen, uns kümmern können. Zwei Monate nach Sarahs Tod, an Silvester, beschlossen wir, es noch einmal zu wagen. Sarah kann niemals ersetzt, aber die große Lücke, die sie hinterlassen hat, wieder mit Leben gefüllt werden. Innerlich hoffte ich, dass es ganz schnell klappen würde. Ich wollte einfach wieder glücklich sein. Aber wir mussten uns doch erst aneinander herantasten, lernen, uns wieder vertrauensvoll fallen zu lassen und körperliche Liebe zuzulassen. Im Februar war ich dann schwanger. Wir freuten uns sehr, aber es fühlte sich anfangs auch merkwürdig an, und das eine oder andere Mal dachte ich: Was sagen jetzt die anderen, denken die, dass es zu zeitig geklappt hat? Aber es freuten sich alle. Die Schwangerschaft zog sich dann elend lang hin. Ich kam mir vor wie eine Elefantenfrau, die ewig trägt, und konnte die Geburt kaum abwarten.

Im fünften Monat erfuhren wir, dass es ein Junge wird und waren erleichtert, dass wir das Baby nicht immer mit Sarah vergleichen müssten.

Ich bat meine besten Freundinnen, Sarahs Kinderzimmer mit mir auszuräumen. Die Möbel ließen wir stehen, den Teppich tauschten wir aus und ihre Kleider packten wir in Kisten. Die brachten wir auf den Dachboden, damit ich jederzeit herankomme und damit sich auch äußerlich etwas ändert und wir nicht so tun, als wäre Sarah noch da. Die Mädchengarderobe mit dem Kita-Rucksack und der Weste, die sie zuletzt angehabt hatte, ließen wir aber bewusst an der Zimmertür hängen und klebten später einfach den Namen von Ben neben Sarahs Namen an die Kinderzimmertür. Ben soll wissen, dass er eine Schwester hat, die nicht mehr da ist. Wenn er irgendwann sagt, dass er nicht möchte, dass Sarahs Sachen da hängen, muss ich das akzeptieren. Aber so lange bleiben sie da.

Als ich damals mit Sarah auf der Entbindungsstation lag, lernte ich eine Frau kennen, deren Tochter dann am selben Tag zur Welt kam wie Sarah. Wir freundeten uns an und unsere Kinder spielten zusammen. Nach Sarahs Tod hatte diese gute Freundin Angst um unsere Freundschaft. Sie sagte, sie könne verstehen, wenn ich jetzt Abstand zu ihrer Familie halte. Aber ich wollte keinen Abstand, sie gehörten ja längst ganz fest in unseren Kreis. Ich wollte, dass ihre kleine Tochter die Geschenke bekommt, die unsere Sarah eigentlich bekommen hätte. An Sarahs erstem Sternengeburtstag, also dem zweiten Geburtstag von Melissa, fuhr ich vormittags zu meiner Freundin, um zu gratulieren. Es war ein schwerer Weg für mich, schwerer als gedacht. Auf der Treppe nach oben brach ich weinend zusammen. Ich gab Melissa noch das rosa Spielzelt mit den kleinen Fenstern, das wir für sie gekauft hatten, aber reden konnte ich nicht. Ich drückte die Kleine und ihre Mutter, wir weinten, und dann wollte ich einfach nur nach Hause.

Noch am selben Nachmittag feierten wir Sarahs Sternengeburtstag mit 40 Freunden auf dem Friedhof. Niemand wollte an diesem Tag für sich sein, die Großeltern nicht, wir nicht und auch Melissas Eltern waren gekommen. Sie fragten uns, ob sie ihre Kinder an diesem Tag besser zu Hause lassen sollten. Aber die Kinder gehören zu unseren Freunden dazu, ob ich sie nun sehe oder nicht. Sie brachten Blümchen mit und wir ließen Ballons steigen, an denen Grußkarten für Sarah hingen. Es regnete in Strömen. Aber in dem Moment, als die Ballons in die Luft stiegen, kam die Sonne heraus, und ich stand hochschwanger am Grab und heulte Rotz und Wasser. Und unsere Freunde sagten mit Tränen in den Augen: »Wie ihr das alles macht, das ist so beeindruckend.« Aber ohne unsere Freunde und die Familie wären wir nicht da, wo wir heute sind.

Nur eine Familie kam nicht zu Sarahs Sternengeburtstag, sondern schickte uns ein mit Musik unterlegtes, selbst gedrehtes Kurzvideo per WhatsApp, in dem wir sehen konnten, wie sie eine Karte für Sarah mit einem pinken Luftballon vom Balkon in die Luft steigen ließen. Sie sagten: »Wir können es nicht ertragen, euch so traurig zu sehen, wir schaffen das nicht. Aber wir besuchen das Grab hinterher und sind in Gedanken bei euch.« Sie waren immer im Hintergrund für uns da gewesen, die ganze Zeit über. Sie hatten uns Nachrichten geschrieben, uns aufgebaut und getröstet. Nur im Krankenhaus und bei der Beerdigung waren sie nicht, und für uns war das in Ordnung. Wir wussten, dass sie mit uns fühlen, nur diesen einen Part nicht aushalten können.

Wenige Tage später erfuhren wir, dass der errechnete Entbindungstermin von Ben ausgerechnet Sarahs Todestag war, und waren wahnsinnig erschrocken. Wie sollte ich das aushalten? Aber dann kam unser Ben zum Glück verspätet auf die Welt, genau einen Tag nach dem ersten Jahrestag von Sarahs Beerdigung und damit zu einem Zeitpunkt, als wir das schlimmste Jahr unseres Lebens gerade geschafft hatten. So ein gutes Zeichen! Bens Geburt begann so unkompliziert wie die Geburten seiner Schwestern. Doch in letzter Minute drehte sich der kleine Mann noch zum Sternengucker und musste per Kaiserschnitt geholt werden. Das war sicher kein Zufall. Ich denke, er wollte noch mal kurz nach oben schauen. Und als wir ihn alle zusammen bewunderten, sagte Sophia einen ganz wahren Satz: »Jetzt bin ich wieder glücklich, wir sind wieder eine richtige Familie, jetzt sind wir zu fünft.«

Lars und ich waren so froh, wieder etwas im Arm halten zu können. Und trotzdem taten mir vereinzelte Sprüche von Bekannten weh. Zum Beispiel dieser Satz, der sicher gut gemeint war: »Na, nun freut sich der Lars aber, jetzt hat er endlich einen Sohn.« Mein Mann war auch mit zwei Töchtern glücklich gewesen. Oder der Spruch: »Jetzt ist wieder ein Baby da, jetzt ist alles gut!« Ja, es ist gut, dass Ben da ist, aber Sarah ist deshalb nicht vergessen. Es muss weitergehen, aber es wäre mir lieber gewesen, wenn ich diesen Weg nicht hätte gehen müssen.

Sarah fehlt mir immer. In ihrem Namen will ich heute anderen helfen, denen es genauso schlecht geht wie uns damals und die nicht so viele treue Freunde haben, die ihnen Kraft geben. Deshalb gründete ich die Facebook-Gruppe »Sarahs Sternenzauber«, auf der sich Mütter und Väter von behinderten oder schwerstkranken Kindern oder von Sternenkindern gegenseitig unterstützen, ähnlich wie die Schweizer Facebook-Gruppe

»Sterntaler«. Mir geht es um Hilfe zur Selbsthilfe. Wir geben bedürftigen Familien die Möglichkeit, sich auszutauschen, sich gegenseitig kennenzulernen und zu unterstützen. Dafür haben wir eine Plattform geschaffen, auf der diese Familien in Not kleine oder größere Wünsche posten können in der Hoffnung, dass sich jemand findet, der ihnen helfen kann. Manchmal sind es ja die kleinen Dinge, die besonders guttun, zum Beispiel eine Rückenmassage für eine Mutter, die seit Wochen am Krankenbett ihres Kindes wacht. Über »Sarahs Sternenzauber« versuchen wir jemanden zu finden, der genau das geben kann. Und irgendwann, wenn meine Facebook-Seite noch bekannter geworden ist, werde ich einen richtigen Verein daraus machen und noch mehr Menschen erreichen. Das ist meine Art, mit dem großen Verlust klarzukommen. Ich weiß, dass Sarah das gut fände. Durch die Online-Gruppe lebt sie nicht nur in meinem Herzen weiter, sondern auch für alle anderen, die sie nicht kannten.

Protokoll: Silia Wiebe

Wir hatten noch einen Berg Liebe zu geben

Der erste Sohn von Andrea Beltz und Dr. Michael Spöttel starb einen Tag nach seiner Geburt. Er litt an einem genetischen Defekt. Danach bekamen sie zwei gesunde Kinder, doch ihr Sohn Julian erkrankte mit zehn Jahren an Krebs und starb 2004. Zwei Jahre später nahm das Ehepaar aus Bremen vierjährige Zwillinge als Pflegekinder zu sich.

Michael Spöttel: In der Stunde null, als Julian starb, war ich bei ihm am Bett. Ich hatte Andrea gerade abgelöst. Und in einem gewissen Sinne fühlte ich zunächst Erleichterung. Dieses Siechtum musste ein Ende haben. Julian war immer dünner, immer schwächer geworden. Ihn so zu sehen war schwer auszuhalten. Denn Julian ist ein sehr charismatischer Typ gewesen. Er hatte enorm viel Charme, konnte sich unglaublich gut ausdrücken und andere mitreißen. Und er war sportlich, hatte ein echtes Kämpferherz. Als er zehn Jahre alt war, kriegten wir die Diagnose: Wilms-Tumor. Das ist ein Nierenkrebs, der bei Kindern relativ häufig vorkommt, allerdings meist bei jüngeren. Er gilt als recht gut behandelbar. Viele Erkrankte überleben, und auch bei Julian sah es nach der ersten Therapie gut aus. Aber dann hatte er einen

Rückfall, und eine zweite Therapie begann. Viermal musste er insgesamt operiert werden. Und jedes Mal verabschiedete er sich mit dem Victory-Zeichen in den Operationssaal. Er hat immer nach vorn geschaut. Doch zum Schluss musste er sehr leiden. Ich glaube, er wusste, dass er nicht überleben wird. Er starb zwei Jahre nach der Diagnose – fast auf den Tag genau: Am 17. Mai 2002 wurde der Krebs diagnostiziert und am 16. Mai 2004 ist Julian gestorben.

Andrea Beltz: Es war gut, dass wir in den letzten Tagen im Hospiz waren. Wir konnten die Pflege zu Hause kaum noch leisten. Wir waren zwar noch in der Lage, Julian zu tragen, weil er so dünn geworden war, aber wir waren zum Beispiel mit der Morphiumgabe total überfordert. Ich konnte mich allerdings erst für das Hospiz entscheiden, als ich erfahren habe, dass man da auch kleine Kuren wahrnehmen kann, und nicht nur zum Sterben dorthin fährt. Das wusste ich vorher nicht. Lange hatte ich die Vorstellung, dass wir mit Julian noch mal nach Hause fahren können.

Michael Spöttel: Ja, das Hospiz war eine große Entlastung. Wir waren alle zusammen dort, auch unsere jüngere Tochter wurde dort sehr gut begleitet. Sie ahnte lange nicht, dass Julian sterben würde. Erst zwei Tage vor seinem Tod haben wir es ihr gesagt. Eine Sozialpädagogin vom Hospiz meinte zu uns: Jetzt müsst ihr mit ihr reden. Sie war bei dem Gespräch dabei. Das war sehr hilfreich. Auch nach Julians Tod wurden wir weiter begleitet. Das Hospiz hat uns zum Beispiel eine gute Bestatterin empfohlen. Wir hatten uns tatsächlich nie mit dem Thema Begräbnis auseinandergesetzt, es war mir total zuwider. Aber die Bestatterin hat die Beerdigung sehr individuell gestaltet, Julians beste Freunde haben am Ende sogar Raketen abgeschossen.

Andrea Beltz: Ein Jahr nach Julians Tod meldetest du dich bei einer Veranstaltung für interessierte Pflegeeltern an. Ich fand das entsetzlich. Wir hatten zwar früher schon mal über Pflegekinder gesprochen, das war für uns durchaus eine Option. Aber jetzt war mir das viel zu früh.

Michael Spöttel: Das Ganze hat ja immer eine lange Vorlaufzeit. Darum habe ich mich dort gemeldet. Wir absolvierten den Kurs und waren damit als mögliche Pflegeeltern registriert – aber danach unternahmen wir nichts mehr. Wir ließen es einfach auf uns zukommen.

Andrea Beltz: Ich weiß. Und du hattest ja auch die richtigen Argumente. Denn wir waren beide nicht mehr die Jüngsten. Du warst 48, ich Anfang 40, wir hatten also nicht mehr ewig Zeit. Außerdem stand unsere Tochter kurz vor der Pubertät. Und einer Pubertierenden neue Geschwister zu präsentieren, das würde bestimmt schwierig werden, dachten wir. Das hatte ich auch damals schon verstanden. Und ich wollte ja auch Pflegekinder. Aber dass du so schnell aktiv wurdest – das war für mich schwer. Wobei ich glaube, diese Unterschiedlichkeiten zwischen Partnern in der Trauer sind ohnehin schwer auszuhalten. Man ist doch sehr verletzt und fühlt sich so verletzlich. Gleichzeitig ist es gerade in dieser Zeit sehr wichtig zu gucken: Was brauchst du? Was brauche ich? Man muss sich Freiraum geben, den anderen lassen. Michael war zum Beispiel auch bei einigen Treffen vom Verein Verwaiste Eltern. Ich war beim ersten Mal mit, fand es unerträglich, aber es war für mich völlig in Ordnung, dass er da hinging. Es läuft eben nicht immer alles synchron in der Trauer. Ich glaube, das zu akzeptieren, ist sehr wichtig für die Partnerschaft.

Michael Spöttel: Ein Jahr lang passierte fast nichts hinsichtlich der Pflegekinder. Wir hatten das Thema fast schon vergessen und waren im Urlaub. Am letzten Abend sprachen wir nach längerer Zeit mal wieder darüber und da sagtest du: »Wenn sie uns jetzt anrufen würden, wäre es o.k.« Und am nächsten Morgen riefen sie tatsächlich an.

Andrea Beltz: Wir hatten erklärt, dass wir keinen Jungen wollten, damit wir nicht ins Vergleichen kommen. Und wir hatten gesagt, wir wollten ein Kind im Alter von acht bis zehn Jahren, damit es etwa zwei Jahre jünger war als unsere Tochter Nora. Und nun sagten sie: Mädchen haben wir und acht Jahre passt auch – aber es sind zwei Mal vier, eben vierjährige Zwillinge.

Michael Spöttel: Erst mal bist du mit unserer Tochter zu den beiden Mädchen gefahren. Ich wollte das so, weil ich dachte: Wenn Andrea die beiden sieht, sind sie bestimmt gleich in ihrem Herzen. Und genauso war es auch.

Andrea Beltz: Wir hatten einfach noch so einen Berg Liebe zu geben. Und ich glaube: Liebe zu geben und Liebe zu bekommen – das ist heilsam, gerade in der Trauer. Manchmal denke ich rückblickend allerdings auch: Wahnsinn, auf was wir uns da eingelassen haben. Das war schon ein riesiges Wagnis. Aber wir haben es keine Minute bereut. Ich glaube, es ist gut, wenn man sich in der Trauer etwas sucht, das in die Zukunft weist. Das muss natürlich kein Kind sein. Es soll ja auch kein Ersatz sein. Aber dieses Nach-vorne-Gucken, das fällt ja erst mal so unheimlich schwer. Und durch meinen Mann – oder besser durch Jackie und Chana – bin ich dazu sozusagen gezwungen worden.

Michael Spöttel: Auch Nora sagt heute: Die Zwillinge waren das Beste, was ihr passieren konnte. Dabei war sie zunächst, als wir ihr von unseren Überlegungen erzählten, gar nicht begeistert. »Muss das sein?«, hat sie gefragt, »könnt ihr euch denn nicht jetzt mal nur um mich kümmern? Erst war Julian zwei Jahre krank und ihr hattet keine Zeit, jetzt waren zwei Jahre Trauer – das war doch alles Mist. Und nun wollt ihr mir schon wieder etwas Neues vor die Nase setzen?« Wir hatten uns ja nach dem Tod von Julian ganz auf sie konzentriert. Aber das war auf Dauer auch nicht gut für sie, das merkten wir. Und glücklicherweise war es dann auch so, dass Nora die Zwillinge sah und sofort mit Begeisterung große Schwester wurde. Die drei knuddelten und kletterten miteinander, sie buddelten in der Sandkiste, und Nora konnte tatsächlich noch mal selbst wieder Kind sein, sie war ja im Grund genommen viel zu erwachsen für ihr Alter.

Andrea Beltz: Die Zwillinge hatten große Defizite. Sie konnten kaum normal sprechen, waren verängstigt und offenbar fast nie draußen gewesen. Wir lasen ihnen viel vor. Gingen oft mit ihnen in einen kleinen Wald, der nahe an unserem Resthof lag, in dem wir damals lebten. Wir gingen immer den gleichen Weg, zu jeder Jahreszeit, damit die Kinder den natürlichen Wechsel und das Wachstum der Pflanzen mitbekamen. Die Beschäftigung mit den beiden war auch gut für uns, hat uns abgelenkt. Ich glaube, es war auch wichtig, dass wir alle schon unsere Katastrophen erlebt hatten – die Zwillinge und wir eben auch. Unsere Erfahrungen waren zwar verschieden, aber trotzdem gab es da eine Gemeinsamkeit: Keiner kam aus einer heilen Welt.

Michael Spöttel: Daraus haben wir auch nie einen Hehl gemacht. Wir haben sie immer einbezogen, haben ihnen natürlich von Julian erzählt, sie mit zum Friedhof genommen. Noch heute sagen sie manchmal im Streit: »Wenn Julian nicht gestorben wäre, wären wir nicht bei euch.«

Andrea Beltz: Stimmt, sage ich dann, und wenn eure Mutter euch nicht vernachlässigt hätte, wäret ihr auch nicht hier. Immer dieses Wenn-wenn-wenn. Dass das zu nichts führt, habe ich gelernt, als Julian krank wurde. Da stieß ich auf ein jüdisches Sprichwort, das mir sehr geholfen hat: »Im Land Was-wäre-wenn sind alle Reisenden unglücklich.« Damit konnte ich meine Gedanken oft stoppen. Denn wenn einem so etwas passiert, wenn das Kind plötzlich schwer erkrankt, fragt man sich natürlich permanent: Was haben wir falsch gemacht? Ich glaube, heutzutage können wir schwerer akzeptieren, dass so etwas einfach geschieht. Früher war es gang und gäbe, da starben viele Kinder, bevor sie erwachsen werden konnten. Aber heute fragt sich jeder: Wie konnte das passieren? Ich glaube – und dieser Gedanke hat mir auch beim Tod unseres ersten Kindes geholfen –, es gibt keinen Grund, es passiert einfach. Wir haben nicht alles in der Hand. Aber das zu akzeptieren fällt schwer.

Michael Spöttel: Vor gar nicht langer Zeit gab es eine Theorie über eine sogenannte Krebspersönlichkeit. Nach dem Motto: Wenn du Krebs bekommst, hast du selbst Schuld daran. So etwas setzt die Leute unglaublich unter Druck.

Andrea Beltz: Genauso wie diese ganzen gut gemeinten Ratschläge und Tipps von Nichtfachleuten. Die machen ungeheuren Stress. Bei uns war es zum Beispiel so, dass irgendwann viele, die wir von der Kinderkrebsstation kannten, nach Holland fuhren, zu einem Handaufleger. Dann kommt die Frage: Fahrt ihr auch? Und wenn man verneint, kriegt man sofort zu hören: »Aber Andrea, lass doch diese Chance nicht verstreichen. Das kann doch nichts schaden.« Dadurch wird richtig Druck aufgebaut.

Michael Spöttel: Da werden todkranke Kinder durchs Land gehievt, und Eltern, die kaum noch Geld haben, abgezockt …

Andrea Beltz: Ich glaube wirklich, man sollte Eltern von ernsthaft erkrankten Kindern mit all diesen Ratschlägen verschonen. Zumal ich davon ausgehe, dass man heute der Medizin im Krankenhaus vertrauen kann. Wir haben es ja selbst auf der Krebsstation erlebt. Kein Arzt entscheidet alleine, wir hatten immer das Gefühl, gut aufgehoben zu sein. Und man muss vertrauen, muss diesen Teil loslassen. Denn als Eltern haben wir eine andere Aufgabe. Und dafür muss man den Kopf frei haben. Ich finde: Der Arzt ist für den Körper da und die Eltern sind für die Seele zuständig, für das Wohl des Kindes. Und das Wohl der restlichen Familie, inklusive das eigene.

Michael Spöttel: Gleich nach Julians Tod habe ich ein Buch über alternative Medizin aus einer sehr kritischen Perspektive geschrieben. Ich bin ja ausgebildeter Kulturwissenschaftler, bin es von daher gewohnt zu recherchieren. Aber dieses Buch war für mich auch eine Form, meine Wut rauszulassen. Denn natürlich führen solche kruden Theorien auch zu Konflikten. Da gab es zum Beispiel einen Typen, der meinte, Krebs mit Vitamin C heilen zu können. Damit kamen meine Eltern, drängten uns, wir sollten es unbedingt versuchen. Der Streit ist so eskaliert, dass ich sie rausschmeißen musste – in einer solchen Situation, in der die Familie eigentlich zusammenhalten sollte.

Andrea Beltz: Aber das Schreiben hat dir damals gutgetan. Wir haben ohnehin versucht, möglichst schnell wieder am normalen Leben teilzunehmen. Auch für unsere Tochter. Wir haben nicht gesagt, wir müssen jetzt erst mal zu Hause bleiben. Natürlich war das nicht immer leicht. Manchmal haben es einem aber auch andere schwer gemacht. Ich erinnere mich zum Beispiel an ein ganz schreckliches Erlebnis, auch für Nora. Wir waren bei einer Bekannten zum Geburtstag eingeladen, es war schon fast ein Jahr nach Julians Tod. Da kam die Mutter eines

Freundes von Julian auf mich zu und sagte: »Also, das könnte ich nicht, jetzt schon auf eine Geburtstagsfeier gehen.« Was sollte ich in dem Moment sagen? Und wie sollte ich das meiner Tochter erklären? Das ist so ähnlich wie die Leute, die erklären: »Ich kann nicht auf den Friedhof gehen.« Dann denke ich immer: Schön, wenn man sich das aussuchen kann. Manche werden da nicht gefragt.

Michael Spöttel: Ich glaube, es ist wichtig, dass man als Trauernder macht, wonach man sich fühlt. Wenn man ins Theater gehen will oder auf die Weihnachtsfeier, dann sollte man das auch tun. Ich bin zum Beispiel immer jemand gewesen, der gern mal durchs Nachtleben gezogen ist. Das habe ich natürlich während der Krankheit meines Sohnes nicht gemacht. Völlig klar. Ich habe mich in der Zeit auch gar nicht danach gefühlt. Und irgendwann kommt man ins Überlegen, kann ich das jetzt, soll ich das noch mal machen? Ich glaube, wozu auch immer man Lust hat – man sollte es tun.

Andrea Beltz: Genau. Bloß nicht denken: Was könnten die anderen jetzt denken? Wir haben ja zum Beispiel auch durchgearbeitet. Wenn man selbstständig ist, gibt es kaum eine andere Möglichkeit.

Michael Spöttel: Aber das ist meines Erachtens auch nicht unvorteilhaft. Denn eigentlich hofft man ja nur, dass die Zeit vergeht. Zu Hause wäre uns wahrscheinlich die Decke auf den Kopf gefallen. Aber wir waren sozusagen gezwungen weiterzumachen in unseren beiden Geschäften für Damenmode. Wir konnten uns allerdings auch unsere Zeit flexibel einteilen, wir mussten nicht jeden Tag acht Stunden im Laden stehen, konnten auch mal einen ganzen Tag frei machen, wenn der andere übernahm. Wir haben uns schon immer alle Aufgaben geteilt. Jeder ist mal mit den Kindern, und mal im Laden. Das ist für uns beide das Beste. Und auch für unsere Kinder ist das optimal.

Andrea Beltz: Was mir noch sehr gutgetan hat, waren Treffen mit einer Mutter, die ebenfalls ein Kind durch Krebs verloren hatte. In der Endphase von Julians Krankheit hatte die Kinderärztin diesen Kontakt hergestellt. Zuerst dachte ich: Jetzt hat sogar sie unseren Sohn schon abgeschrieben, und war ganz entsetzt über ihren Vorschlag. Deshalb ging ich auch sehr halbherzig zu dem ersten Treffen. Aber ich habe es gemacht, weil ich der Ärztin vertraute. Und dann machte mir eine Frau die Tür auf, die total fröhlich war. Wir haben zusammen Tee getrunken, sie hat mir einiges erzählt. Danach bin ich nach Hause gefahren mit dem Gefühl: »Das kann nicht wahr sein.« Aber kurz nach Julians Tod dachte ich: Was für ein gutes Gespräch. Das kam mit verzögertem Effekt bei mir an. Und dann haben wir uns ab und zu mal getroffen. Das war sehr hilfreich für mich.

Michael Spöttel: Diese Ärztin hat noch etwas Gutes angestoßen, nämlich die Therapie für Nora. Die hatte sie ein halbes Jahr vor Julians Tod begonnen und danach noch einige Monate weitergemacht. Da konnte Nora viel lassen. Sie sagt heute noch, dass diese Stunden sehr gut für sie waren. Denn die ganze Zeit war für Nora natürlich extrem schwierig. Einer von uns war ja immer im Krankenhaus, der andere musste auch mal in die Läden gucken. Nora lief in den beiden Jahren echt am Rand. Noch heute fühlt sie ab und zu Panik, sagt sie, wenn sie sich daran erinnert, wie sie manchmal auf dem Schulhof stand und nach Schulschluss nicht wusste: »Wo soll ich heute hin? Was war noch mal der Plan?« Denn oft traten Veränderungen bei Julian ja ganz plötzlich auf und wir mussten unseren Tag spontan umschmeißen.

Andrea Beltz: Die Betreuung von Nora war wirklich ein großes Problem. Da gab es wenig Unterstützung. Unsere Eltern konnten kaum einspringen. Und manchmal, wenn ich Mütter von Noras Schulfreundinnen fragte, ob sie Nora mittags mitnehmen könnten, kriegte ich zu hören: »Da muss ich aber erst mal meine Tochter fragen.«

Michael Spöttel: Daran kann ich mich gar nicht erinnern. Woran ich mich allerdings sehr gut erinnere, ist die große Feier, ein Jahr nach Julians Tod.

Andrea Beltz: Oh ja, das war eine ganz gute Sache. Denn es ist ja immer ein Horror, diese Frage: Was machen wir am ersten Todestag? Wir haben allen Freunden geschrieben und gesagt: An Julians Todestag zünden wir bei uns im Garten ein Feuer für ihn an – er hatte ja draußen seine eigene Feuerstelle. Es war keine Einladung, niemand musste zu- oder absagen, es war nur als Mitteilung gedacht. Und dann kamen über 50 Leute. Freunde von Julian, Freunde von uns, Eltern von Mitschülern, Verwandte. Und wir haben eine Aktion gemacht, auf die uns eine Sozialpädagogin vom Hospiz gebracht hatte: Nora und ich haben kleine Briefkarten gestaltet, auf die jeder das schreiben konnte, was er Julian vielleicht noch sagen oder ihm mitgeben wollte. Diese Kärtchen konnte man draußen im Feuer verbrennen, dann eine Kerze an dem Feuer anzünden und diese Kerzen zu einem Kerzenkranz in unserer Diele aufstellen. So haben wir sozusagen das Feuer von draußen nach drinnen geholt. Das Interessante war: Wir hatten damit gerechnet, dass die Kinder ein paar Briefe schreiben. Aber nicht nur sie haben geschrieben. Alle haben geschrieben, wirklich alle. Wir mussten ständig Papier nachholen, weil auch die Erwachsenen so viel schreiben wollten. Noch mal und noch mal gingen sie raus. Es regnete in Strömen, die ganze Diele war eine einzige Matschwüste. Aber das war völlig egal.

Es hatte etwas sehr Erlösendes. Es war wie ein Befreiungsschlag. Die Kinder haben danach laut kreischend im Garten gespielt, wir haben die ganze Zeit über Julian geredet, alle hatten etwas zu essen mitgebracht, es wurde geweint und gesungen, und zwar ein religiöses Lied: »Wo zwei oder drei in meinem Namen versammelt sind, da bin ich mitten unter ihnen.« Das passte total gut. Denn wir hatten wirklich das Gefühl: Julian war mitten unter uns.

Michael Spöttel: Wir sind nicht gläubig. Wir glauben nicht, dass eine Seele weiterlebt. Aber diese Feier zeigte uns: Wenn man sich zusammentut, gibt es so etwas wie eine soziale Kraft. Auch heute noch begehen wir den Todestag von Julian. Wir gehen zum Grab und mit den Kindern ins Theater oder Restaurant. Am fünften und zehnten Todestag habe ich noch mal eine Traueranzeige in der hiesigen Zeitung geschaltet, als Erinnerung an Julian.

Andrea Beltz: Ich würde mir wünschen, dass auch andere an diesen Tag denken. Der Einzige, der sich jedes Jahr meldet, ist mein Bruder. Ansonsten spricht uns keiner mehr darauf an. Dabei würde mir das guttun. Aber ich denke auch: Wenn man solche schrecklichen Erfahrungen gemacht hat, ist man immer ein Stück allein, weil die anderen es einfach nicht nachvollziehen können. Auch in meinen Freundesgruppen habe ich manchmal das Gefühl, ich nehme eine Sonderrolle ein. Das merke ich oft an Kleinigkeiten. Da hängt zum Beispiel bei einer Freundin der Spruch »Alles wird gut« im Badezimmer am Spiegel. So etwas kann mich total auf die Palme bringen. Das kann ich auch nicht unkommentiert lassen. »Aber nicht immer. Und nicht für alle«, habe ich daruntergeschrieben. Das fand sie natürlich auch nicht lustig. Ich habe versucht, es ihr zu erklären, weiß aber nicht, ob sie es verstanden hat. Ich glaube, mit so einer Erfahrung ist man ein Stück kaputt. Auch wenn ich gelernt habe, mit dem Schmerz zu leben, und wir jetzt ein relativ zufriedenes Leben führen – der Schmerz ist immer da, der geht nie weg.

Michael Spöttel: Ich glaube, das ist auch gut so. Angenommen, es gäbe eine Tablette, die wir schlucken könnten, und dann wäre er weg – das würden wir doch auch nicht wollen.

Andrea Beltz: Stimmt. Aber ich merke eben, wie mich diese Erfahrung geprägt hat. Wenn wir zum Beispiel in meiner Literaturgruppe etwas über Krieg und Zerstörung lesen, sagen manche: Das will ich nicht, das ist mir zu hart. Dann merke ich, dass ich anders bin. Ich weiß, ich kann mir das nicht immer aussuchen. Natürlich kann ich mir aussuchen, welches Buch ich lese und was ich in mein Wohnzimmer lasse. Aber es ist doch die Frage, ob ich mich bestimmten Dingen nicht auch mal stellen muss. In solchen Momenten merke ich oft: Julian ist zu einer Art Vorbild für mich geworden. Er war sehr tapfer, hat nie geklagt, hat nie gefragt: Warum ich? Daran orientiere ich mich. Dadurch lebt er auch auf gewisse Weise weiter. Und wenn ich mal wieder eine total miese Phase habe, noch mal so einen richtigen Trauerschub, dann denke ich: Trauer kann auch eine Form von Selbstmitleid sein. Und selbstmitleidig will ich nicht sein, Julian war es auch nicht. Auch wenn wir nicht religiös sind, denke ich, Julian muss auf mich runtergucken und sagen können: »Mama, es ist o.k., wie du das machst.«

Protokoll: Silke Baumgarten

Ich musste mich einfach wehren

Bei einem Verkehrsunfall verunglückte Benjamin aus Freiburg mit 13 Jahren. Ein Lastwagen überfuhr ihn auf seinem Fahrrad. Renate Rappenecker erzählt von der verzweifelten Trauer um ihren Sohn, der ihr geblieben war, nachdem wenige Jahre zuvor schon sein Vater sehr plötzlich gestorben war.

Manchmal, wenn ich mit meinen drei Kindern am Esstisch saß, dachte ich: Mir ist schon so viel Furchtbares passiert im Leben, schlimmer kann es nicht werden. Nur dass eines meiner Kinder stirbt, das wäre noch schlimmer als alles, was ich schon erlebt habe. Aber das würde nicht passieren. I had my share, ich hatte meinen Teil schon bekommen, glaubte ich.

Das Gefühl von Verlust und Trauer gehört zu meinem Leben schon lange dazu. Als meine Töchter ein und drei Jahre alt waren, verließ mich mein damaliger Ehemann. Einige Jahre später heiratete ich wieder. Mein zweiter Mann starb mit 44 Jahren an einem Herzinfarkt. Dann traf ich Christoph, den Vater von Benjamin. Meine Töchter aus erster Ehe waren da schon Teenager. Christoph hatte noch keine eigenen Kinder und ich war schon fast 41, als Benjamin zur Welt kam. Wir waren unglaublich glücklich über unseren späten Sohn. Alles schien gut zu sein. Aber dann, als Benjamin fünf Jahre alt war, starb Christoph an einer angeborenen Erkrankung, von der wir nichts gewusst hatten. Für mich war das unbegreiflich. Benjamin war natürlich völlig verstört, er verstand das alles nicht, meine Trauer und dass sein Papi weg war. Er wollte nicht mehr in den Kindergarten gehen. Eine Therapeutin begleitete uns zwei Jahre und half uns nach und nach, den Tod von Christoph zu verkraften. Aber noch lange baute Benjamin schwarze Kreuze und kleine Grabhügel in seine Zeichnungen ein. Und immer, wenn die Mauersegler Ende April zu Christophs Geburtstag über unser Haus flogen, sagte ich zu Benjamin: »Schau, da sind sie wieder, sie sind ein Gruß vom Papi!« Heute verbinde ich mit den Mauerseglern meinen Christoph und unseren Sohn.

Es gibt diese Redewendung, dass einem der Mann von der Seite geht und das Kind aus dem Herzen. Ein Kind ist ein Stück von einem selbst. Ein Stück Fleisch vom eigenen Fleisch.

Ich habe lange um meine Partner getrauert. Im Nachhinein kann ich aber sagen, dass diese Trauer nicht so existenziell war wie die Trauer um meinen Sohn. Aber ohne die intensive Auseinandersetzung mit dem Tod meiner Ehemänner wäre ich wahrscheinlich verrückt geworden, als Benjamin starb.

Benjamin war ein Strahlekind, er konnte sich so wundervoll freuen, so aus tiefstem Herzen. Einmal kam er nach Hause und sagte: »Du erziehst mich doch so, dass ich selber merke, was richtig und falsch ist, oder?« Er hatte es nie wirklich leicht. Nicht nur, dass sein Vater so früh gestorben ist. Er war Legastheniker und musste sich für kleine Erfolge in der Schule sehr anstrengen. Unter Tränen und erst in der vierten Klasse lernte er mit den *Harry-Potter*-Büchern lesen.

Benjamin und ich, wir waren uns sehr nah. Doch ich konnte lange nicht verstehen, warum ihm das Lesen so schwerfiel. Während des gemeinsamen Übens hatten wir unsere einzigen Krisen.

Zuletzt hing er in Latein hinterher. Drei Tage vor seinem Tod kam er stolz nach Hause und erzählte, dass ihm der Lateinlehrer nichts aufgegeben habe, weil er so gut gearbeitet hatte. Aber auch wenn ihm die Schule schwerfiel, sagte sein Klassenlehrer auf der Beerdigung: »Benjamin wäre überall zurechtgekommen.«

Von einem Freund verabschiedete er sich einige Tage vor dem Unfall mit den Worten »Tschüss, bis spätestens da oben.« Er hat das wohl öfter zu Freunden gesagt, erfuhr ich später. Ich selbst hörte diesen Satz von ihm nie und weiß auch nicht, warum er das sagte. Mit mir sprach er am Abend vor seinem Tod über seine Zukunft. Ich erklärte ihm, wie sich sein Körper entwickelt und verändert und was Erwachsenwerden bedeutet. Es war ein unglaublich intensives Gespräch, die Erinnerung daran hüte ich wie einen Schatz.

Um halb acht Uhr morgens ist es passiert, auf seinem Weg zum Gymnasium. Er radelte auf dem Radfahrweg über eine Kreuzung. Ein LKW-Fahrer hatte ihn vorher überholt, sich dann aber beim Abbiegen nicht mehr richtig umgesehen. Ich arbeitete damals an der Universität in Freiburg. Um zehn Uhr klopfte es an meiner Bürotür. Meine erste Frage an den Polizisten war: Ist er schwer verletzt? »Er ist tot!«

Ich rief eine Freundin an, die sofort kommen wollte. Meine Töchter, die in anderen Städten studierten beziehungsweise arbeiteten, waren abends bei mir und ermutigten mich noch am selben Tag, zur Unfallstelle zu fahren und das Meer aus Blumen und Kerzen anzuschauen. Die Jüngere von ihnen kehrte nicht mehr ins Rheinland zurück, wo sie zu der Zeit gewohnt hatte. Sie krempelte ihr Leben um, zog wieder bei mir ein und begann ein neues Studium. Mein Freund war gerade in Paris, auch er machte sich sofort auf den Weg.

Nicht ich, sondern Benjamins Lehrer identifizierte ihn direkt nach dem Unfall, ohne dass ich davon wusste. Die Polizisten begründeten das damit, dass sie sich nicht hundertprozentig sicher gewesen seien, ob es sich bei dem Kind wirklich um Benjamin gehandelt habe, denn der Schulranzen neben ihm hätte theoretisch auch einem anderen Kind gehören können. Für mich ein absurder Gedanke. Wahrscheinlich wollten sie mich schonen. Aber als Mutter hätte zuerst ich kontaktiert werden müssen. Heute sind Polizisten vermutlich psychologisch geschulter im Umgang mit betroffenen Eltern, auch dank der Initiative der Verwaisten Eltern, der Trauerforscher und der Betroffenen, die an die Öffentlichkeit gehen mit ihren Erfahrungen. Sie alle setzen sich seit Jahren für ein Umdenken ein, damit Eltern künftig nicht mehr aus falscher Rücksichtnahme von ihrem toten Kind ferngehalten werden.

Ich wusste sofort: Ich muss Benjamin sehen, ich muss ihn sehen, sonst werde ich es nie glauben können. Sein Klassenlehrer bestärkte mich in den Stunden danach bei uns zu Hause in diesem Gefühl und in meinem Recht. Am nächsten Morgen, als ich meine Aussage beim Leiter der Verkehrspolizei machte, sagte ich ihm, dass ich so schnell wie möglich zu meinem Sohn möchte. Der Polizist reagierte sehr zögerlich und hatte Bedenken, ob mir das guttäte. Aber nichts ist schlimmer als die Fantasie. Schließlich wurde es mir zugesagt mit der Einschränkung, ich solle mich gedulden. Der Staatsanwalt hatte den Leichnam meines Sohnes beschlagnahmt, er sollte noch obduziert werden. Später sagte der Staatsanwalt, er hätte mir sofort erlaubt, Benjamin zu sehen, wenn er über meinen Wunsch informiert worden wäre. Ich hätte mich einfach nur direkt an ihn wenden müssen, dann wäre mir die quälende Wartezeit von vier Tagen erspart geblieben. Aber ich kannte die internen Abläufe nicht, konnte mich nicht wehren und musste warten. Heute würde ich mich vor irgendjemandes Tür stellen und keine Ruhe geben.

Die ersten zwei Stunden nach dem Unfall saß der leitende Polizist zusammen mit einem ehrenamtlichen Kriseninterventionsteam vom Roten Kreuz bei mir in einem Büro der Uni. Sie warteten mit mir, bis mich meine Freundin abholen und nach Hause bringen konnte. Das war gut und richtig. Aber als die ehrenamtliche Helferin den Arm um mich legte, schüttelte ich ihn weg. Es war mir zu viel, ich konnte diese Geste nicht aushalten von einer Fremden.

Nur eine Stunde, nachdem er mir die Nachricht überbracht hatte, fragte mich der Polizist, ob ich Benjamins Hornhaut spenden will. Ich war völlig überfordert mit dieser Frage. Die ehrenamtliche Helferin erklärte mir, dass ich zwei Stunden Zeit habe, um mich zu entscheiden. Mein Kind war tot. Ich wusste überhaupt nichts mehr und sollte über so eine Frage nachdenken. Ich hätte mich zumindest erst mal mit meiner Familie besprechen wollen. Es war der falscheste Zeitpunkt überhaupt, nach einer Organspende zu fragen. Aber ich fühlte mich stark unter Druck gesetzt und hatte nicht die Kraft, Nein zu sagen. Später bekam ich schlimme Albträume. Ich träumte, dass mein Sohn keine Augen mehr hatte, und war voller Verzweiflung und Zorn, überhaupt in diese Situation gebracht worden zu sein.

Nach Wochen erfuhr ich von einem Oberarzt der Augenklinik, dem ich einen Brief geschrieben und die für mich furchtbaren Umstände der Organspendenanfrage geschildert hatte, dass mir eigentlich 48 Stunden Bedenkzeit zugestanden hätten. Und diese Zeit hätte ich unbedingt gebraucht, um mit meiner Entscheidung dann auch in Frieden leben zu können. Die Unwissenheit der ehrenamtlichen Helferin hatte eine solche Tragweite für mich und hat mir sehr geschadet.

Während ich noch immer darauf wartete, Benjamin noch einmal zu sehen, rief ich in der Rechtsmedizin an und informierte die Mitarbeiter dort über die Krankheit von Benjamins Vater. Aufgrund einer genetischen Disposition hatte sich die mittlere Schicht seiner Arterien aufgelöst. Das führte zu einem Aorta-Riss mit Multiorganversagen, und so starb er ganz plötzlich. Es hätte mich etwas getröstet zu wissen, dass mein Sohn diese

Veranlagung geerbt hatte und ohnehin sehr gefährdet gewesen wäre. Ich hoffte, dass sich diese Frage bei der Obduktion klären würde. Die Rechtsmediziner fanden dann auch eine ungewöhnliche Arterienbeschaffenheit bei Benjamin vor, aber keinen definitiven Beweis für diese Veranlagung. Trotzdem war es gut, dass ich diese Frage abklären ließ.

Ich wartete von Donnerstag bis Montag. Ich durfte nicht zu meinem Kind. Das war kaum zu ertragen. Dann endlich holte mich der Polizist ab und fuhr mich in das Rechtsmedizinische Institut. Eine meiner erwachsenen Töchter begleitete mich hinein. Meine andere Tochter entschied sich dafür, Benjamin so in Erinnerung zu behalten, wie sie ihn zuletzt gesehen hatte, und bereute nie, dass sie im Auto auf uns gewartet hatte. Für mich waren beide Entscheidungen in Ordnung.

Während ein Beamter vor der Tür stehen blieb und auf uns wartete, hatten wir genau zehn Minuten Zeit, uns von unserem Sohn und Bruder zu verabschieden. Benjamin sah aus, als ob er schliefe. Sein Gesicht war vollständig unverletzt, die blauen Flecken waren überschminkt worden. Er hatte seinen Lieblingskapuzenpulli an, der die Kopfverletzungen kaschierte. Seine Hand war steif und eiskalt, er sah schon so fremd aus. Ich hätte jetzt Stunden gebraucht und einen anderen Rahmen, also ganz viel Ruhe und nicht das Gefühl, jemand wartet draußen vor der Tür auf mich. Dass ich diese kostbare Zeit nicht hatte, das ist einfach tragisch und nachträglich nicht wieder gutzumachen. Und trotz allem war es wichtig für mich, gekämpft zu haben, um ihn überhaupt noch einmal zu sehen.

Um meinem Tag eine wie auch immer geartete Struktur zu geben, ging ich nach zwei Wochen wieder halbtags ins Büro. Mich strengte meine Arbeit sehr an, aber die Atmosphäre, in der ich wertgeschätzt wurde und Anerkennung und Verständnis bekam, gab mir Halt.

Immer wieder wurde ich in den folgenden Tagen und Wochen von Blumen oder Kerzen überrascht, die jemand an der Unfallstelle abgelegt hatte. Ich freute mich über jede einzelne. Einmal stand ein großer Rosenstock an der Verkehrsstelle, der dann gestohlen wurde. Fremde Menschen schrieben mir Briefe, einfach nur, »wie furchtbar« sie diesen Unfalltod fanden. Und auf seinem Grab fand ich kleine Zettel, immer von den Mädchen aus seiner Klasse. All das tat mir gut.

Und ich hatte weiterhin das Bedürfnis, mich zu wehren, nicht zu schimpfen, aber konstruktiv zu kritisieren, wenn etwas für mich Verletzendes geschah. Ich kannte mich ja schon in der Trauer und wusste, dass irgendwann die große Erschöpfung kommen würde und ich meine Energie und Wut nutzen musste, um alles sofort in die Wege zu leiten, was mir langfristig helfen könnte. Irgendwann würde ich zusammenklappen und wäre nicht mehr in der Lage, Briefe zu schreiben und mein Recht einzufordern. Deshalb tat ich es, solange ich es konnte.

Ich schrieb kritische Leserbriefe zum Thema Organspende, für die damals gerade stark geworben wurde. Ich machte darauf aufmerksam, dass sich die Menschen, denen Organe entnommen werden, in der Regel noch im Sterbeprozess befinden und allenfalls hirntot sind. Die Wenigsten wissen, dass man mit der Freigabe der Organe eines Sterbenden darauf verzichtet, ihn in seinen letzten Minuten zu begleiten. Mich ärgerte die Verharmlosung der Thematik in den Medien und die einseitige Botschaft in vielen Artikeln: Es sei im Grunde eine ethische Verpflichtung, Organe zu spenden, so der Tenor. Ich wollte eine Diskussion anregen, damit offen und kontrovers darüber nachgedacht wird, worauf der Sterbende und die Angehörigen bei einer Organspende verzichten. Bis heute lässt mich dieses Thema nicht los. Kürzlich las ich in der Zeitung die Ankündigung einer Sendung zum Thema Organspende mit der Formulierung »Tausende warten auf ein Spenderorgan«. Man wartet aber nicht auf ein mehr oder weniger abstraktes Organ, sondern man wartet sehnsüchtig auf den Tod eines anderen Menschen, damit man selber weiterleben kann. Auch das muss gesagt werden dürfen.

Gleichzeitig versuchte ich in vielen Gesprächen nach Benjamins Tod dem sehr empathischen leitenden Polizisten, der mich auf die Hornhaut-Spende angesprochen hatte, zu erklären, warum nur ein fachlich versierter Arzt diese schwierige Frage hätte stellen dürfen. Nur ein Fachmann hätte auch meine Fragen angemessen beantworten können, keine falschen Zeitangaben gemacht und mir so viel Leid erspart. Es ist nicht egal, wie, wann und von wem man in so einer Ausnahmesituation nach einem oder mehreren Organen gefragt wird. Als ich Wochen später erfuhr, dass das Prozedere bei der Polizei geändert wurde und seither ausschließlich Ärzte mit dieser Anfrage betraut werden, war ich beruhigt. Wenigstens hatte mein Einsatz etwas gebracht.

Monate später, an einem Informationstag der Freiburger Augenklinik, sprach ich mit dem Oberarzt noch mal persönlich über Benjamins Tod. Ich erfuhr, dass beide Operationen, bei denen seine Hornhäute transplantiert worden waren, erfolgreich verlaufen waren. Einer der beiden Empfänger war ein ganz junger Mensch, der heute wieder sehen kann. Das tröstete mich, denn es wäre im Sinne von Benjamin gewesen. Er war ein sehr sozial denkender, mitfühlender Mensch.

Auch die Verkehrssituation, die Kreuzung, an der Benjamin starb, ließ mir keine Ruhe.

In den Medien wurde lange über den Unfall berichtet und diskutiert, ob man Konsequenzen ziehen müsse. Am Ende hieß es vonseiten der Behörden, man könne leider nichts machen gegen den toten Winkel, und außerdem sei diese Stelle nicht als Unfallschwerpunkt bekannt. Das machte mich fuchsteufelswild. Ich schrieb Leserbriefe zur allgemeinen Verkehrssituation in Freiburg und machte auf die Rechte und Gefahren der Radfahrer aufmerksam. An den Baubürgermeister der Stadt schrieb ich wütend, ob man warten wolle, bis Eltern mit Farbeimern kämen und den Fahrradweg rot anmalen, damit er endlich unübersehbar werde für die abbiegenden Autofahrer. Ich schickte Kopien meiner Briefe an Zeitungen und an das Forum für Fahrradsicherheit und den Allgemeinen Deutschen Fahrrad-Club. Und tatsächlich bewegte sich allmählich etwas, auch dank der Medien, die ebenfalls Druck ausübten mit ihrer kontinuierlichen Berichterstattung. Der Bauburgermeister ließ mir ausrichten, dass man noch mal nachgedacht habe und nun doch etwas tun wolle für die Sicherheit der Radfahrer. Zuerst wurde eine Blinkampel an der Unfallstelle installiert, dann malten sie den Radfahrstreifen rot an, und schließlich wurde dank einer Privatinitiative ein Trixi-Spiegel montiert, der vor allem beim Anfahren den toten Winkel erheblich reduziert.

Ich kümmere mich bis heute neben Benjamins Grab auf dem Friedhof auch um die Unfallstelle. Sie ist für mich eine Art Mahnmal geworden, im Straßenverkehr achtsam miteinander umzugehen. Ich komme regelmäßig dort vorbei, sie liegt auf meinem Weg in die Stadt. Für mich ist wichtig, dass dort immer eine Kerze für Benjamin brennt. Manchmal wird sie auch von anderen Menschen wieder angezündet und jedes Mal freue ich mich darüber.

Für Benjamin kamen die Maßnahmen der Verkehrspolizei zu spät, aber es geht nicht nur um das eigene Leid. Auch die Notrufsäulen an den Autobahnen würden heute keine Leben retten, hätte sie nicht der Vater von Björn Steiger initiiert, nachdem sein Sohn nach einem Unfall auf der Autobahn sterben musste, weil der Krankenwagen zu spät kam und noch keine funktionierende Rettungskette existierte.

Ein paar Mal wurde ich in den Wochen nach dem Unfall als Radfahrerin von einem Auto geschnitten. Einmal rannte ich wütend zum Fahrer hin, klopfte gegen seine Scheibe und schrie ihn an, ob er mich auch totfahren wolle. Später schaffte ich es, ruhig und freundlich zu bleiben. Aber wehren wollte ich mich immer, auch wenn die Fahrer oft kalt und gleichgültig reagierten. Bloß nicht abwarten und passiv sein, sondern sofort aktiv werden, wenn mir Unrecht geschieht.

Und mit aller Kraft kämpfte ich dafür, dass das Verfahren gegen den LKW-Fahrer, der Benjamin totgefahren hatte, nicht eingestellt wurde. Es war Anklage erhoben worden, aber der Anwalt des Fahrers versuchte mit allen juristischen Tricks eine Einstellung des Verfahrens zu erwirken, wegen Geringfügigkeit des Vergehens und mangelnden öffentlichen Interesses. Ich hielt mit meinem Anwalt dagegen. Und der Staatsanwalt, ein sehr mitfühlender Mensch, versicherte mir, dass er mich in meinem Bemühen unterstütze. Er hielt Wort. Nach zwei Jahren kam es endlich zu einem Verfahren. Es war essenziell wichtig für mich. Ich konnte nicht hinnehmen, dass mein Sohn gestorben war, bloß weil ein Fahrer unaufmerksam gewesen war, nicht über die Schulter geschaut hatte und sich dann auch noch mit dem toten Winkel herausredete. Ich wollte die Bedingungen ändern, damit es nicht wieder passiert. Dazu brauchte ich eine offizielle Verhandlung, die Medien, die darüber berichteten, und einen Schuldspruch. Am Ende wurde der Fahrer zu einer Geldstrafe verurteilt. Er war ein einfacher Mann aus dem Schwarzwald, der sich drei Tage später schon wieder hinter das Steuer gesetzt hatte, was mir unbegreiflich war. Er hatte einen Sohn in Benjamins Alter. Er entschuldigte sich zwar bei mir, aber er schrieb eben nur, er würde es gerne ungeschehen machen. Aus dieser Formulierung konnte man ihm keine Schuld zuweisen. Aber nur die ehrliche Einsicht, dass er einen schwerwiegenden Fehler begangen hatte, hätte mir geholfen. Nach der Verhandlung beobachtete ich, wie er von seinem kaltherzig wirkenden Anwalt im Gerichtssaal stehen gelassen wurde und nicht wusste, wohin mit sich. Und da tat mir dieser Mensch plötzlich leid. Noch am Abend rief ich bei ihm zu Hause an und fragte seine Frau, ob er gut angekommen sei.

Der Schmerz und der Schock über Benjamins Tod saßen nicht

nur in meinem Herzen, sondern auch in meinem Körper. Autogenes Training, das ich einige Zeit zuvor gelernt hatte, half mir nicht mehr. Ich brauchte keine meditative Aktivität, die sich nach innen richtet. Ich brauchte eine Bewegungsform, die nach außen geht, und ich merkte, wie gut mir das Fahrradfahren tat. Seit Kindertagen fahre ich regelmäßig Rad und auch nach Benjamins Unfall hatte ich mit Fahrrädern nie ein Problem. Beim Radfahren konnte ich meinen Schmerz gut heraustreten. Ich fuhr immer dieselbe Strecke an der Freiburger Dreisam entlang, rund 18 Kilometer, am Friedhof vorbei und wieder zurück. Oft sang ich dabei Shantys oder andere eingängige Melodien und bekam so Kopf und Seele frei. Singen hilft unglaublich. Ich schrie auch und arbeitete mir so meine inneren Spannungen ab und war anschließend oft richtig kraftlos. Aber das war gut so.

Drei Monate nach Benjamins Tod begann ich eine Therapie, die fünf Jahre dauern sollte. Ich war froh, eine Ärztin gefunden zu haben, die selbst Kinder hat, damit ich auch wirklich als Mutter verstanden werde. An manchen Tagen ging es mir schon besser, an anderen war ich total erschöpft und manchmal tagelang zu nichts in der Lage. Dann schaffte ich gerade so meine Arbeit und lag nachmittags im Bett und weinte. Es ging auf und ab. Zum Glück war auch mein Freund viel da, um mich zu halten. Das tut er bis heute.

Was mich in den schlechteren Phasen beschäftigte und auch enttäuschte, waren die Freundschaften zu Eltern von anderen Kindern, die sich über Benjamin ergeben hatten und die sich nun nach und nach auflösten. Vermutlich wussten die Eltern seiner Freunde nicht, wie sie sich mir gegenüber verhalten sollten. Dabei wäre es für mich so wohltuend gewesen, wenn sie einfach mehr gewagt hätten. Es ist für Außenstehende offensichtlich ein sehr großer Schritt, einfach mal anzurufen und zu fragen, wie es geht in der Trauer. Für uns Betroffene aber ist es eine so wichtige Hilfe. Mir fehlte einfach die Kraft, diese Freundschaften selbst am Leben zu halten, andere Menschen aktiv zu mir einzuladen, das Gespräch zu suchen. Ich war in dieser Situation darauf angewiesen, dass es an meiner Tür klingelte und ich nur zu öffnen brauchte.

Gerne hätte ich noch einmal mit einem Jungen aus Benjamins Parallelklasse gesprochen, mit dem er an dem Unfallmorgen zufällig ein Stück des Schulweges zusammen gegangen war. Ich hätte gerne gewusst, was Benjamins letzte Gedanken waren. Über mehrere Ecken wurde mir dann zugetragen, dass sich die beiden Jungen an dem Morgen über Schillers Ballade *Die Bürgschaft* unterhalten hatten. Benjamin hatte sie zuvor auswendig gelernt und sich sehr interessiert mit dem Thema Freundschaft beschäftigt. Zweimal rief ich bei den Eltern des Jungen an und fragte, ob ich mit ihrem Sohn über Benjamins letzte Worte sprechen könne. Der Vater sprach mir sein Mitgefühl aus, lehnte meine Bitte aber beide Male strikt ab. Ich empfand seine Worte als ganz massives Nein, so, als würde jemand eine Tür unmissverständlich vor mir schließen. Er wollte wohl seinen Sohn schützen, vielleicht vor möglichen Schuldgefühlen. Ohne dieses zufällige Treffen wären die zeitlichen Abläufe ja ganz andere gewesen. Ich verstehe ihn einerseits, und trotzdem ist es für mich bis heute sehr schade, dass ich nie eine Antwort auf meine Fragen bekam.

Die Familie seines besten Freundes S. wohnt bis heute direkt gegenüber von mir. Zweimal besuchte mich der zwölfjährige Junge. Es ging ihm verständlicherweise nicht gut. Für mich war es aber unendlich wichtig, Kontakt zu ihm zu halten. Denn er war und bleibt ein Teil von Benjamins Kindheit und Benjamin war ihm eng verbunden. Nur, was soll so ein junger Mensch mit der Mutter seines besten Freundes auf Dauer reden? Er war zu klein und mit der ganzen Situation überfordert. Ich hätte mir aber gewünscht, dass seine Eltern den Kontakt zu mir halten. Aber offensichtlich fühlten sie sich unbehaglich, das kann ich ihnen nicht mal vorwerfen. Womit sie mir keinen Gefallen taten: Seine Mutter sagte unseren gemeinsamen Bekannten, sie würde sich in ihrer Funktion als Mutter von Benjamins bestem Freund um mich kümmern, und zog sich dann zurück, nachdem wir uns dreimal getroffen hatten. So hörte ich auch von den anderen Müttern nichts mehr, denn die gingen davon aus, dass mich eine von ihnen stellvertretend in der Trauer begleitete. Benjamins Freund S. sah ich über die Jahre aufwachsen. Aber während er früher vom Balkon aus zu uns herübergewinkt hatte, winkte irgendwann niemand mehr. Noch heute würde ich mich freuen, wenn ich mit ihm Erinnerungen an Benjamin austauschen könnte. Er ist längst erwachsen, studiert in einer anderen Stadt, ich sehe ihn nicht mehr. Ob ich irgendwann noch mal seine Eltern mit meiner Bitte konfrontiere? Ich weiß es nicht.

Dafür hielt die Mutter von Benjamins frühestem Freund P., den er schon als Baby kannte, den Kontakt zu mir auf eine ganz wunderbare Art. Sie schenkte mir ein Fotoalbum mit Bildern, die in der zwölfjährigen Freundschaft unserer Söhne entstanden waren. Wäre sie in den Jahren darauf nicht in die schmerzhafte Trennung von ihrem Mann verstrickt gewesen, hätten wir uns sicher noch kontinuierlicher getroffen. Und P. selbst weinte bei der Beerdigung so sehr, er warf sich fast ins Grab. Vor einem Jahr schickte er mir die Geburtsanzeige seines Sohnes, den er Benjamin genannt hatte. Ich habe geweint vor Glück und Trauer.

Zwei Jahre nach dem Unfall ging es mir ein bisschen besser. Ich konnte wieder Blumen riechen, hörte die Vögel singen. Ich lebte nicht mehr nur in einer äußeren Hülle, die funktionierte, aber innerlich erschöpft und traurig. Die Freude kam zurück, aber ich nahm mir weiterhin viel Zeit beim Abschiednehmen und setzte mich nie dem Druck aus, mich von Erinnerungsstücken schnell trennen zu müssen. Bevor ich ein Spielzeug von Benjamin weggab oder wegräumte, schlief ich eine Nacht darüber. Das Computer-Schachspiel, mit dem die Jungen gerne gespielt hatten, schenkte ich seinem ersten Freund P. Und erst nach vier Jahren räumte ich sein Zimmer aus. Benjamins Legos packte ich in zwei weiße Kartons, die noch heute bei mir im Flur stehen. Niemand außer mir und meiner Familie weiß, was sich darin befindet. Im Wohnzimmer, wo seine große Eisenbahnanlage stand, fing ich ebenfalls langsam an zu reduzieren. Ich näherte mich von den Rändern, setzte mich immer wieder hinein, erinnerte mich und trennte mich Stück für Stück. Zu viel Abschiednehmen auf einmal hätte mich überfordert. Zwei Lego-Krieger von Benjamin stehen bis heute auf einem Bord. Ich schaue sie jeden Tag an.

In den ersten Jahren hörte ich immer wieder die Filmmusik von *Frida,* diesem wunderbaren Film über die Malerin Frida Kahlo. Sie personifizierte für mich die Schmerzensfrau, als die ich mich damals selbst fühlte, physisch und psychisch, auch wenn ich nicht von einer realen Eisenstange durchbohrt worden war. Sie litt ihr Leben lang unter körperlichen Schmerzen, aber auch unter dem Tod ihrer ungeborenen Kinder. Zu Hause, wenn ich allein war, kam ich mithilfe dieser Musik an meine verschlossenen Gefühle heran. Es tat mir gut zu weinen, manchmal bis zur Erschöpfung. Anschließend ging es mir oft besser. Hatte ich Musik früher als etwas sehr Schönes empfunden, berührt sie mich seit Benjamins Tod manchmal von einer Sekunde auf die andere so stark, dass ich es kaum ertrage. Sie geht direkt in meinen Körper, und meine Gefühle werden unmittelbar angesprochen. Nicht immer kann ich das aushalten.

Der Tod meines Kindes ist für mich immer noch unbegreiflich. Und manchmal, wenn ich von einer Reise zurückkomme, hoffe ich in einem ganz entfernten Winkel meines Herzens, dass Benjamin zu Hause auf mich wartet.

Protokoll: Silia Wiebe

Wir werden nie erfahren, warum

Martha war 18 Jahre alt, als sie sich das Leben nahm. Ihre Mutter Vera Schmidt, die in der Nähe von München lebt, überlegte, ob sie ihre Geschichte hier erzählen möchte. Sie hat sich dafür entschieden, um das Thema Suizid aus der Tabuzone zu holen. Sie will aber auch ihre jüngeren Töchter schützen. Darum wurden alle Namen geändert.

Martha wollte auf eine Party gehen. Ihre beste Freundin war verreist, deshalb zog sie mit einem Mädchen los, mit dem sie sonst eher wenig zu tun hatte. »Tschüss Mom, tschüss Daddy, ich komme nicht so spät wieder«, sagte sie. Kurz darauf wünschte ich ihr noch einmal viel Spaß per WhatsApp, sie antwortete mit »Danke« und einem Herz. Dann schaltete ich mein Handy aus. Wir sind ja immer über Festnetz erreichbar. Zum Glück habe ich dadurch keinen Anruf von ihr versäumt, sie hat nicht vergeblich versucht, mich anzurufen.

Um kurz nach zwei bin ich aufgewacht, habe in ihr Zimmer geguckt, mich gewundert, dass sie noch nicht da ist, und mich wieder hingelegt. An das, was in den Stunden danach kam, kann ich mich heute nur noch bruchstückhaft erinnern.

Gegen halb vier weckte mich mein Mann: »Die Polizei ist da. Es ist etwas Schlimmes passiert.« Ich ging runter, im Wohnzimmer standen eine Polizistin und ein Polizist, beide sahen sehr ernst aus. Er sagte: »Ihre Tochter Martha …« Für mich war klar: Es ist sehr schlimm, sie liegt im Krankenhaus, aber wir fahren da jetzt hin und gehen die Sache an. Ich wollte eigentlich nur wissen, wo wir hinmüssen. Aber der Polizist stand derart merkwürdig da, dass ich fragte: »Aber sie lebt, oder?« Ich weiß nicht mehr, wie er versucht hat mir zu sagen, dass sie nicht mehr lebt. Ich weiß nicht mal mehr, ob er es gesagt hat. Es kam nichts mehr bei mir an. Ich habe die Nachricht vernommen, doch nicht verstanden, mein Herz hat dichtgemacht. Später kam ein weiterer Polizist und brachte ihre Tasche, ihre Jacke. Diese Sachen hatte sie auf der Brücke abgelegt, bevor sie vor den Zug gesprungen ist.

Wir gingen selbstverständlich von einem Verbrechen aus. Für die Polizei war es sofort Suizid. Wir haben eine Obduktion gefordert. Warum sollte sich unsere Tochter das Leben nehmen? Es gab keinerlei Anzeichen, nichts, absolut nichts. Natürlich kann man nicht in seine Kinder hineinschauen. Und heute würde ich sagen: Ich weiß nicht, ob meine Tochter depressiv war. Ich kann nicht sagen, dass sie es war, ich kann aber auch nicht sagen, dass sie es nicht war. Ich kann nur sagen: Wir haben nichts gemerkt, mein Mann und ich. Genauso wenig wie ihre Schwester, die nur zwei Jahre jünger ist, und ihre Freundin.

Wir waren gerade aus dem Urlaub zurückgekommen, hatten eine schöne Zeit zusammen gehabt. Es gab keinen Streit, alles schien gut, alles wie immer. Überhaupt hatten wir den Eindruck, dass es Martha an nichts mangelte: Sie hatte eine beste Freundin, die beiden waren seit Jahren ein Herz und eine Seele. Sie war beliebt, sie sah gut aus und war sehr gut in der Schule. Sie bereitete sich gerade aufs Abi vor – Not oder Sorgen, die sie umtrieben, waren für uns nicht erkennbar. Eigen war Martha, was ihr Äußeres anging. Sie schminkte sich immer sehr sorgfältig und kleidete sich schick, bevor sie das Haus verließ.

Bis heute wissen wir nicht, was passiert ist, warum sie sich das Leben genommen hat. Eine Antwort darauf kann niemand geben. Klar, da bleibt Raum für Restzweifel. Aber wirklich infrage stellen, dass sie von sich aus gesprungen ist, können wir eigentlich nicht mehr. Die Rechtsmedizin hat keinerlei Hinweise auf Fremdeinwirkung gefunden.

Die Polizisten waren ohne Seelsorger, ohne Kriseninterventionsteam zu uns gekommen. Das war ein Desaster. Es war niemand da, der uns hätte auffangen können. Gleichzeitig sagten die Polizisten, sie könnten erst gehen, wenn wir nicht allein zurückblieben. Sie drängten, wir sollten jemanden aus der Familie, aus dem Freundeskreis zu uns holen. Aber wen kann man morgens um vier Uhr mit so einer Nachricht anrufen? Wer hält das aus? Und wer hat keine Kinder zu versorgen, kann einfach losfahren? Uns fiel niemand ein. Meine Eltern? Leben nicht in Deutschland. Meine beste Freundin wohnt in Bremen, 600 Kilometer weit weg. Einem älteren Ehepaar, mit dem wir gut befreundet sind, wollten wir uns nicht zumuten. Das heißt, wir saßen da und mussten unser Adressbuch durchgehen, mussten überlegen, wer stabil genug war und nah genug wohnte, um uns in dieser Notlage beizustehen. Das war sehr anstrengend.

Dann fiel mir unsere Hausärztin ein. Zu ihr haben wir schon seit Jahren einen sehr guten Draht. Maria stand uns auch bei, als unsere Jüngste im Alter von anderthalb Jahren an einer Herzentzündung erkrankte. Monatelang war ich damals mit Sophie im Krankenhaus. Einige Wochen war es fraglich, ob sie überleben würde. Durch diese schwere Zeit waren mein Mann und ich krisenerprobt. Ich glaube, das hat uns bei diesem erneuten Schicksalsschlag ein bisschen gerettet.

Die Hausärztin kam sofort, war einfach in den nächsten Stunden für uns da. Die Kinder schliefen länger, es waren ja noch Ferien, und wir wollten sie nicht wecken. Tabea weinte, als sie aufgewacht war und wir ihr erzählten, was geschehen ist, Sophie rannte in Marthas Zimmer und schrie »Das stimmt nicht!«.

Nachmittags kam meine Freundin. Ich hatte Sybille am frühen Morgen angerufen. Sie hat sofort alles abgesagt und die erste Bahn genommen. Sie blieb die erste Woche und half uns, zusammen mit der Hausärztin, zu überleben. Und die beiden kümmerten sich mit weiteren engen Freunden um etwas, das wir zunächst überhaupt nicht im Blick hatten: Geld. »Macht euch wegen der Kosten für die Beerdigung keine Sorgen, das übernehmen wir«, sagten sie. Das kam uns zunächst etwas merkwürdig vor, man denkt ja nicht ans Geld, wenn das Kind stirbt. Aber es war tatsächlich eine extrem große Entlastung. Denn wir müssen sparsam leben, haben kaum Rücklagen. Mit den drei Kindern und den Abzahlungen für das Haus kommt bei uns jeden Monat plusminus Null raus. Für die Trauerfeier, das Grab, die Blumen hätten wir uns verschulden müssen.

Maria und Sybille bestärkten mich in meinem Wunsch, unsere Tochter noch einmal sehen zu wollen. Wir fragten die Bestatterin, ob sie es möglich machen könne. Sie hat sich sehr viel Mühe gegeben, und im gedämpften Licht sah Martha, trotz der schweren Verletzungen, fast so aus, wie wir sie kannten. Ich konnte sogar ihre Hand halten. Sie noch einmal zu sehen, war sehr wichtig für mich, auch wenn ich diese Situation kaum aushalten konnte. Es war unfassbar und trotz der Realität fast unwirklich. Ich bin sehr dankbar, dass mir dieser letzte Abschied ermöglicht wurde.

Die Bestatterin fragte mich, ob ich eine Haarsträhne aufbewahren wollte. Ich verneinte, dachte, das würde mir Martha nie verzeihen, wenn ich ihr einfach eine Locke abschneiden ließe. Nach der Beerdigung bereute ich diese Entscheidung, fragte die Bestatterin, ob sie vielleicht doch eine Strähne zurückbehalten hatte. Hatte sie nicht, aus Respekt vor meinem Entschluss. Das wiederum fand ich gut.

Maria, unsere Hausärztin, war täglich für uns da, sie ersetzte Psychologen oder Seelsorger, die nie zu uns geschickt wurden. Dennoch hätte ich mir direkt nach der Nachricht vom Tod unserer Tochter unbedingt professionelle Unterstützung im Hinblick auf unsere Kinder gewünscht. Denn natürlich fragten wir uns die ganze Zeit: Warum? Was haben wir falsch gemacht? Was ist schiefgelaufen? Und vor allem: Wie können wir unseren lebenden Kindern jetzt helfen?

Ich fühlte mich total falsch, alles fühlte sich falsch an, grundlegend falsch. Das machte sich auch körperlich bemerkbar. Nachdem die Todesnachricht richtig zu mir durchgedrungen war, fing ich an zu zittern. Und dieses Zittern verließ mich über Monate nicht.

Trotz des Gefühls, eine intakte Familie zu haben, war die Frage nach der Schuld ein großes Thema. Als unsere jüngste Tochter schwer erkrankt war und wir sie schon im Sarg sahen, war das nicht so. Aber jetzt fragte ich mich immer wieder: Was hast du übersehen? Ich untersuchte, so gut ich konnte, den Lebenslauf meiner Tochter von Geburt an, um schlüssige Gründe für ihre Selbsttötung zu finden. Im Alltag mit drei Kindern und Beruf kann man nicht immer jedem Kind gegenüber zu 100 Prozent aufmerksam sein. Und natürlich wurde auch bei uns mal gestritten. Aber die Kinder brauchten nie Angst zu haben, zum Beispiel bei schlechten Noten. Zwischen uns herrscht Vertrauen. Es wird grundsätzlich über alles geredet, unsere Tür ist immer offen, auch Freunde unserer Kinder kommen gern zu uns. Nach Marthas Tod kamen noch häufig Klassenkameraden zu Besuch. Das hat uns, insbesondere Tabea, gutgetan.

Wir haben Sophie und Tabea gefragt: Was könnte Martha unglücklich gemacht haben? Was sollen wir ändern? Aber die beiden haben gesagt: »Nichts. Hier ist es schön. Ihr braucht nichts zu ändern.« Und von Martha klang mir noch im Ohr: »Weißt du, Mom, ihr seid meine Vorbilder, das erzähle ich auch meinen Freunden. Wie ihr das alles hinbekommen habt, auch mit Sophies Erkrankung damals. Ihr habt immer nach vorn geguckt, das ist echt toll.« Das hat sie mir ein paar Wochen vor ihrem Suizid gesagt. Was war passiert? Warum hatte sie offenbar das Vertrauen in uns, ins Leben verloren? Ich konnte fast nichts anderes mehr denken.

Aber wir mussten auch unsere anderen beiden im Blick haben, wir brauchten professionelle Unterstützung, wollten wissen: Was können wir für sie in dieser Situation tun? Worauf müssen wir achten? Wie können wir sie auffangen? Ich habe uns dann selbst eine psychologische Anlaufstelle gesucht. Es war Urlaubszeit, ich musste viel herumtelefonieren, bis ich einen Termin für eine Beratung mit den Kindern im Universitätsklinikum bekam. Aber was wir dort erlebten, war fürchterlich – ich habe schnell bereut, dass wir dort hingefahren sind.

Erst mal ließ man uns lange in einem weiten Flur warten. Schon das empfand ich als Zumutung. Wir standen alle noch unter Schock, Marthas Suizid war gerade mal eine Woche her. Außerdem hatte ich beim Telefonat gesagt, dass unsere jüngste Tochter – sie war damals sechs – mitkommt, aber nicht direkt angesprochen werden möchte. Und was macht die Psychologin als Erstes? Sie fragt Sophie, wie es ihr mit dem Verlust ihrer großen Schwester geht. Sophie sagte dann zwar, dass sie nicht reden wolle, aber ich war schon mal bedient.

Dann hat die Psychologin die ganze Zeit selbst fast losgeweint, sagte immer wieder, wie furchtbar alles wäre, wie schlimm. Irgendwann wollte Sophie raus. Ich ging selbstverständlich davon aus, dass eine Betreuung für sie organisiert worden war, das sollte doch Standard sein. Aber nichts war organisiert. Sophie musste also bei uns bleiben.

Wir haben uns dann relativ schnell verabschiedet. Aber am

Ende steckte die Therapeutin Tabea einen Zettel mit ihrer Telefonnummer zu und flüsterte ihr zu, sie könne jederzeit anrufen, ihre Eltern müssten auch nichts davon wissen. Das fand Tabea völlig schräg, denn der Vorschlag, gemeinsam eine psychologische Beratung aufzusuchen, kam ja von uns, ihren Eltern. Wir hatten den Kindern sofort angeboten, individuelle psychologische Unterstützung in Anspruch zu nehmen oder an den Kindergruppen eines Vereins für verwaiste Geschwister teilzunehmen.

Eine Woche nach dem Tod unserer Tochter haben wir professionelle Hilfe gesucht und keine gefunden. Diese Therapeutin hat sich meiner Meinung nach absolut unprofessionell verhalten und war in keiner Weise hilfreich. Speziell durch die letzte Äußerung Tabea gegenüber gab sie mir das Gefühl: Vermutlich stimmt in eurer Familie etwas nicht.

Diesem Verdacht bin ich oft begegnet. Das ist sehr verletzend und schwer auszuhalten. Viele Menschen können offenbar nicht glauben, dass ein Suizid in einer intakten Familie vorkommt. Sie denken: Wenn dein Kind sich das Leben nimmt, dann muss doch etwas in deiner Familie nicht in Ordnung sein. Und diese Unterstellung macht es noch schlimmer, auch für die Geschwister.

Wenige Wochen später fand ich glücklicherweise eine Selbsthilfegruppe im Netz: »AGUS«, Angehörige um Suizid. Ich habe mich nicht aktiv eingebracht, aber viel gelesen und mir dort Tipps für Literatur besorgt. Bücher haben mir sehr geholfen, es wäre gut gewesen, wenn mir jemand gleich am Anfang eine Liste mit Buchempfehlungen hingelegt hätte.

Speziell die Bücher von Freya von Stülpnagel waren Balsam für meine Seele. Durch ihre Schilderungen bin ich das Gefühl losgeworden, dass mit mir etwas nicht stimmt. Sie ist Mutter von vier Kindern. Ihr dritter Sohn nahm sich ebenfalls mit gerade 18 Jahren das Leben, auch aus dem Nichts heraus. Auch sie beschreibt ihre Familie als völlig intakt. Sie belegt: Suizid ist eine der drei häufigsten Todesursachen bei Jugendlichen, aber das weiß kaum jemand, weil Suizid eben immer noch ein großes Tabu ist und kaum darüber gesprochen wird. Auch mir war die Häufigkeit dieser Todesursache vor dem Suizid meiner Tochter nicht klar.

Freya von Stülpnagel beschreibt, dass weder sie noch andere Familienmitglieder, Freunde oder Ärzte vor dem Suizid ihres Sohnes etwas bemerkt haben, das die Katastrophe hätte erkennen lassen können. Und genau wie sie können auch wir nur immer wieder sagen: Wir haben nichts geahnt. Nicht einmal rückblickend können wir einen Grund erkennen.

Aber die Frage nach dem Warum lähmte mich, sie ließ mich monatelang nicht eine Minute los. Manchmal saß ich in der Küche, hörte, dass der Geschirrspüler fertig war, und dachte: »Der Geschirrspüler ist fertig. Der Geschirrspüler ist fertig …« Ich konnte mich nicht aufraffen, ihn auszuräumen.

Gleichzeitig brauchten uns die beiden Jüngeren. Und zwar sofort. Wir mussten nahtlos weitermachen. Sophie wollte wieder in die Schule gehen, ich musste sie hinbringen. Jeden Morgen früh aufstehen, rausgehen, alles fiel schwer. Sehr gut haben mir unsere Nachbarn getan. Sie haben außer »Hallo« nicht viel gesagt, sie haben mich einfach aufmunternd angeschaut, nach dem Motto: Du schaffst das, wir sind bei dir. Wir kennen uns alle schon lange, wohnen seit 15 Jahren nebeneinander und haben uns gegenseitig im Blick – freundlich, nicht kontrollierend. Das ist selbstverständlich geworden. Und in den ersten Wochen nach Marthas Tod stand jeden Morgen der eine oder die andere an meinem Weg, ganz so, als hätten sie sich abgesprochen. Ich fühlte mich fast ein bisschen getragen von ihnen.

Die Kinder wollten keine Tränen sehen. Ich hatte kaum Möglichkeiten, offen zu trauern. Natürlich hätte ich vormittags die Gelegenheit gehabt, während sie in der Schule waren, aber Gefühle lassen sich schlecht steuern, und morgens mussten Haushalt, Papierkram und Einkauf erledigt werden. Außerdem wollte ich nicht ganz verquollen aussehen, wenn sie zurückkamen. Also habe ich viele Tränen runtergeschluckt. Das war schwer – und wahrscheinlich auch nicht richtig. Andererseits war es aber auch gut, dass die Kinder uns forderten. Wären sie nicht gewesen, hätten Tom und ich unseren Kummer vermutlich im Alkohol ertränkt.

Auch Tabea wollte bald wieder in die Schule. Kurz nach der Beerdigung war ein Elternabend, ich musste hin, es sollten wichtige Informationen zur Oberstufe gegeben werden. Nach dem allgemeinen Teil kam der Lehrer auf mich zu und fragte: »Was ist jetzt wichtig? Was kann ich für Sie und Tabea tun?« Das fand ich großartig. Ich bat ihn, der Philosophielehrerin auszurichten, dass Tabea jetzt nicht Theorien über das Leben nach dem Tod erörtern kann – denn ausgerechnet diesen Stoff hatte die Lehrerin für die nächste Zeit angekündigt. Noch in der gleichen Nacht erhielt ich eine Mail von dem Lehrer. Er hatte die Angelegenheit geklärt, in Philosophie würde ein anderes Thema drankommen. Das hat mir sehr gutgetan.

In der ersten Zeit haben wir zu Hause vieles auf den Kopf gestellt. Bei uns wurde früher beispielsweise nie vor dem Fernseher gegessen, der lief ohnehin höchstens abends. Jetzt hielten wir es in der Küche nicht aus, wir konnten die Stühle rücken, wie wir wollten, Marthas Fehlen war ständig präsent. Deshalb aßen wir abends im Wohnzimmer, vor dem Fernseher. Und wir schliefen die ersten Wochen alle in einem Zimmer, ganz nah beieinander, keiner wollte allein sein.

Da ich in Teilzeit arbeite und viel mehr zu Hause bin als mein Mann, habe ich mir große Vorwürfe gemacht, Kummer, Sorgen und Not bei Martha übersehen zu haben. Tom hat mich diesbezüglich immer wieder getröstet und versucht, mir diese Schuldgefühle zu nehmen. Das tat mir gut – konnte mir aber meine Verzweiflung nicht nehmen. Tom war natürlich auch tief getroffen, aber er war zunächst in erster Linie wütend auf Martha.

»Wie kann sie ihren beiden Schwestern das antun? Die müssen ein Leben lang damit leben.« An uns dachte er weniger, wir haben ja auch nicht mehr unser ganzes Leben vor uns.

Ich nahm ihm seine Wut nicht übel, wollte aber nicht, dass er sie an mir auslässt. Allerdings war ich diejenige, die ihm am nächsten war. Das war manchmal schwierig. Ich konnte keine Wut auf mein Kind haben, Martha muss doch in dem Moment ihres Suizides sehr verzweifelt gewesen sein. Ich glaube, er hat sich manchmal gewünscht, dass auch ich diese Wut verspüren würde. Tom und ich haben in vielen Dingen unterschiedliche Ansichten, aber in allen wichtigen Dingen sind wir uns einig oder können uns gut einigen. Das hat uns auch in dieser Krise geholfen, unsere Partnerschaft zu festigen.

Mein Mann ging nach sechs Wochen wieder ins Büro. Er arbeitet in einer Behörde. Ich bin Erzieherin in einer großen Kita. Kurz nach Marthas Tod rief meine Chefin an, sie kam mit einer weiteren Kollegin zur Beerdigung, hat mir in den folgenden Monaten gelegentlich eine WhatsApp geschickt, sich nach mir erkundigt und mich auf dem Laufenden gehalten. All das tat gut, ich fühlte mich einbezogen, aber nie bedrängt.

Nach acht Monaten konnte ich mir vorstellen wieder zu arbeiten. Wir verabredeten, dass ich erst mal nur zu einer Teamsitzung komme und gucke, wie sich das anfühlt. Und es fühlte sich gut an, es war schön, meine Kolleginnen wieder zu treffen, die sich auch freuten, mich wiederzusehen.

Was großartig war: Meine Kolleginnen stellten für den Anfang einen privaten Notfallplan für mich auf. Wenn ich Dienst hatte, gab es immer eine Kollegin, die eigentlich frei hatte, aber sofort eingesprungen wäre, wenn ich nicht mehr gekonnt hätte. Das war unglaublich unterstützend und gab mir das Gefühl, geschätzt und gesehen zu werden und den Wiedereinstieg wagen zu können. Ich glaube, dass ich ohne diese Kolleginnen, dieses Leitungsteam, meinen Beruf nicht mehr ausüben könnte.

Die Maßstäbe verschieben sich, unwiederbringlich. Ich glaube, das geht allen Eltern so, die ein Kind verloren haben, so unterschiedlich die Schicksale auch sein mögen. Ich bin zum Beispiel empfindlicher geworden, reagiere schneller negativ auf Banales. Wenn jemand über das Wetter spricht, nervt es mich. Ich höre mir auch nicht mehr alles an. Wenige Wochen nach Marthas Tod traf ich eine Mutter aus Sophies Klasse beim Einkauf. Sie lamentierte, wie fürchterlich es sei, dass ihre Tochter noch immer nicht richtig schreiben könne, ein »richtiger Albtraum« sei das. Ich habe sie nur angeguckt und gesagt: »Wenn das für dich ein Albtraum ist, bin ich für dich die falsche Ansprechpartnerin.«

Ich lasse mich auch weniger fremdbestimmen. Früher war ich beispielsweise immer nett, wenn jemand anrief, um eine Umfrage zu machen, weil ich dachte: Der ist ja auch arm dran. Heute lege ich häufig einfach auf. Ich will nicht unhöflich sein, aber ich möchte bestimmte Dinge in meinem Leben einfach nicht mehr.

Was mich nach wie vor sehr verletzt, ist, wenn jemand von »Selbstmord« spricht. Meine Tochter ist keine Mörderin. Mord ist eine Tötung aus niederen Beweggründen. Damit verbindet man eine böse Absicht. Meine Tochter hatte aber keine böse Absicht, und sie hat auch niemandem absichtlich etwas Böses getan.

Richtig schlecht ging es mir noch einmal, zwei Jahre nach Marthas Tod, als Tabea Martha sozusagen überholte. Tabea machte Abi, sie bestand den Führerschein, sie bekam ein großes Bett – all das hätte Martha als Erste zugestanden. Nicht, dass ich Tabea einen Vorwurf mache, im Gegenteil, ich bewundere sie, dass sie unter diesen Umständen ihre Ziele so zielstrebig verfolgen und erreichen konnte. Aber mir tat es weh zu sehen, was Martha alles nicht mehr erlebt hat.

Ich bin in eine tiefe Depression gefallen, völlig ohne Antrieb, ohne Hoffnung. Ich konnte kaum aufstehen, war manchmal unmöglich zu den Kindern, habe mich zwar immer wieder bei ihnen entschuldigt, aber das war trotzdem nicht in Ordnung. Zum

Glück haben sie irgendwann gesagt: »Mama, so geht es nicht mehr.« Unsere Hausärztin hat mir wieder das Medikament verschrieben, das ich auch nach Marthas Tod bekommen hatte. Ich weiß, dass oft die These vertreten wird, man solle nicht zu Tabletten greifen. Für mich war das in dieser Situation aber die richtige Entscheidung, denn durch das Mittel bin ich wieder ins Lot gekommen.

Tabea machte nach ihrem Abi mit einer Freundin eine Weltreise. Natürlich fiel es uns schwer, sie gehen zu lassen. Aber wir haben uns auch für sie gefreut, hatten sie allerdings zum Beispiel gebeten: »Fahrt bitte nicht Moped, das ist zu gefährlich!« Doch das erste Foto, das sie uns schickte, zeigte die beiden Mädels auf einem Moped. Nach einigen Wochen wurde ich aber ruhiger, zumal wir oft Kontakt über Skype oder WhatsApp hatten. Und ich merkte, dass sich etwas änderte. Lange galten mein erster und mein letzter Gedanke am Tag Martha. Nun wachte ich morgens auf und dachte zuerst an Tabea.

Protokoll: Silke Baumgarten

Als Clown verwalte ich Kilians Erbe

Kilian starb mit 16 Jahren. Er war schwerst mehrfachbehindert und konnte am Ende keine Nahrung mehr verarbeiten. Seine Eltern pflegten ihn gemeinsam, sie waren ein gutes Team. Doch drei Jahre nach dem Tod von Kilian trennten sich die beiden. Nun beginnt für Tanja Landes aus Heilbronn mit 47 Jahren ein neuer Lebensabschnitt.

Kilian war mein Lebensmeister. Er hat mich verändert, er hat mich auf den Weg gebracht, durch ihn habe ich zu einer tieferen Wahrheit gefunden. Kilian konnte in einem Moment krampfen und leiden und in großer Not sein – und im nächsten Moment lachte er wieder und strahlte mich an. Während ich, wenn ich mal Migräne habe, noch drei Tage später davon erzählen kann, wie furchtbar es war. Von Kilian habe ich gelernt, mehr im Moment zu leben. Vor sehr langer Zeit bin ich einmal über eine Bibelstelle gestolpert: »Der Herr hat's gegeben, der Herr hat's genommen; der Name des Herrn sei gelobt.« Ich wusste sofort: Irgendwann werde ich diesen Vers brauchen.

Kilian war unser zweites Kind. Seine Schwester Pia ist knapp zwei Jahre älter. In der 30. Schwangerschaftswoche stellten die

Ärzte fest, dass unser Sohn einen Wasserkopf hat und bei ihm kein Großhirn angelegt ist. Mir wurde eine Abtreibung empfohlen. Ich war allein zu dieser Untersuchung gegangen, mein Mann legte an dem Tag gerade den ersten Teil seiner Meisterprüfung ab. Für mich war sofort klar: Ich treibe nicht ab, ich bin nicht Herrscher über Leben und Tod. Ich wusste, dass mein Mann diesen Weg mitgeht. Diese Entscheidung haben wir auch nie infrage gestellt.

»Kilian war für uns mit seinem Wesen und Sein eine große Persönlichkeit«, sagte mein Mann in seiner Traueransprache auf Kilian. »Er berührte viele Herzen mit seinem bloßen Sein. Jeder, der ihm in seinem Wesen begegnete, bekam etwas von seinem Glanz geschenkt.«

Dabei war Kilian ein Exot. Er konnte nie einen Ton in unserer Sprache sprechen. Er konnte nie mit Blicken Kontakt aufnehmen. Er konnte nie jemandem die Hand entgegenstrecken, seine Füße haben den Boden nie berührt. Er lebte von der Atmosphäre, die ihn umgab, wach und offen und voller Vertrauen. Dieses Vertrauen darauf, dass es immer weitergeht, auch wenn gerade etwas passierte, was nicht gut ist, und dass es immer eine Lösung gibt, auch wenn man sie noch nicht sieht – diese Haltung hat Kilian für mich verkörpert. Und genau diese Haltung entspricht meinem Glauben.

Als Kilian vier Jahre alt war, im Jahr 2000, bekam ich unser drittes Kind. Und genau zum Zeitpunkt der Geburt von Klara, unserer jüngsten Tochter, ging es Kilian sehr schlecht. Sein Leben stand auf der Kippe. Die Ableitung des Wassers aus seinem Kopf funktionierte nicht mehr, mehrere OPs halfen nicht. Über Wochen wuchs der Druck in seinem Kopf, er verfiel regelrecht, wurde komatös. Die Ärzte meinten, er müsse sterben. Ich wusste nicht, wie ich diese beiden Gefühle in mir unterbringen sollte: den Abschied von Kilian und die Freude über das Neugeborene – parallel und gleichzeitig, das war heftig. Doch dann ging es Kilian plötzlich besser, er überlebte. Die Ärzte sagten, er sei ein medizinisches Wunder.

Kilian hat gelitten, das will ich nicht schönreden, ich möchte sein Leid keinesfalls verherrlichen. Er war gefangen in seinem Körper. Er hatte starke Spastiken, die ihn oft quälten. Und er hatte fürchterliche Probleme mit dem Essen. Er musste über eine Sonde ernährt werden, erbrach häufig. Außerdem hatte er eine Epilepsie, musste mit Krampfanfällen leben. Es ging Kilian in seinen 16 Lebensjahren oft sehr schlecht. Das nicht ändern zu können, war schwer auszuhalten.

Mehrfach ging Kilian an seine Grenzen, er war ein Grenzgänger. Und er hat uns einige Male mitgenommen an unsere Grenzen. Zweimal hatte ich einen Burn-out. In dieser Not musste ich mich entscheiden, wohin mein weiterer Weg mich führen soll: ins Leben? Oder in die Einsamkeit, die Depression?

Ich wollte ins Leben, mit Kilian, aber es gab Momente, da dachte ich, ich schaffe es nicht mehr, wir müssen Kilian abgeben. Sieben Monate nach Klaras Geburt wurde bei meinem Mann Krebs festgestellt. Er musste mehrere anstrengende Therapien über sich ergehen lassen und konnte jahrelang nicht arbeiten. Es war eine sehr harte Zeit. Manchmal wünschte ich sogar, Kilian würde sterben. Wenn man mit Leuten spricht, die ähnliche Erfahrungen gemacht haben, sagen viele: Das habe ich zwar auch mal gedacht, mich aber nie getraut, es auszusprechen. Ich glaube, wenn wir so tun, als könnten wir alles aushalten, tun wir so, als wären wir Gott. Sich seiner Menschlichkeit bewusst sein, heißt für mich auch, die eigene Schwäche zuzugeben. Und mit Kilian spürte ich manchmal mein Unvermögen, trotz all meiner Mutterliebe.

Ich bin ursprünglich katholisch. Mein Mann kam aus einer Freikirche und ließ sich für unsere Heirat taufen. Später schlossen wir uns den Baptisten an, dort sind auch unsere beiden Töchter noch aktiv. Mich selbst hat es allerdings nie wirklich in Gemeinschaften gezogen, mir wird es dort schnell zu eng.

Als ich mich letztes Jahr von meinem Mann trennte, meinten einige Freunde: »Die Trennung vom Ehemann kommt der Abwendung von Gott gleich.« Das hat mich arg verletzt. Denn wer sieht mich, meine Gedanken und Gefühle? Auch für mich war die Trennung eigentlich ein Tabu, allein der Gedanke an Trennung machte mir riesige Ängste und Schuldgefühle. Aber ich sah keinen anderen Ausweg. Bei einem Spaziergang mit unserem Hund wurde mir schlagartig klar: Ich lebte mit einer Lüge. Wir waren schon lange unglücklich, mein Mann und ich. Ich belog mich, ich belog unser Umfeld, ich belog unsere Töchter. Und auch das ist eine Gewissensfrage.

Wir haben gut funktioniert, solange Kilian lebte. Wir waren ein eingespieltes Team, mein Mann und ich, wir haben den Alltag gemeistert. Doch als die gemeinsame Aufgabe wegfiel, wurde deutlich, dass unsere Partnerschaft nur noch punktuell bestand. Wir suchten uns eine Therapeutin, aber da war der Bogen schon zu weit überspannt. Sogar sie empfahl uns die Trennung, zumindest räumlich. Vor einem halben Jahr habe ich eine kleine Wohnung gefunden und bin ausgezogen.

Mein Mann und meine beiden Töchter haben beim Umzug geholfen. Den Tag über war für mich alles in Ordnung. Aber als ich abends plötzlich allein in der neuen Wohnung saß, überkam mich eine eiskalte Angst. Ich wusste sofort: Wenn ich dieser Angst jetzt nicht ins Auge blicke, verschlimmere ich sie nur noch. Also habe ich mich aufs Sofa gesetzt und sie wie eine Welle über mich rüberlaufen lassen.

Ich glaube, durch Kilian habe ich gelernt, mit Ängsten und Abschiedssituationen umzugehen. Ich weiß heute, ich komme da wieder raus. Und ich weiß, ich habe eigentlich nichts zu verlieren. Das macht mich mutiger und freier.

Mein Traum war immer eine heile Familie. Ich komme nämlich aus einer nicht heilen Familie. Ich wollte einfach Mutter und Hausfrau sein, das Nest bereiten. Ich hatte zwar Raumausstatterin gelernt, habe auch immer viel handwerklich gemacht und mit den Händen gestaltet, aber beruflich hatte ich keine Pläne.

Nach meinem zweiten Burn-out nahmen wir Kontakt zu einem Kinderhospiz auf. Dort hörte ich zum ersten Mal von dem Gedanken, der hinter der Hospizbewegung steht und der für mich zu einem Schlüssel wurde, nämlich: Es geht nicht darum, dem Leben mehr Tage zu geben, sondern darum, den Tagen mehr Leben. Für mich hieß das: Ich darf fröhlich sein, obwohl es Kilian schlecht geht. Mit dieser Erkenntnis fing mein Leben mit Kilian eigentlich erst richtig an.

Die Helfer im Hospiz nahmen das ganze System Familie in den Blick. Auch das tat gut. Und sie schauten nicht auf die Defizite, nicht auf das, was fehlte, sondern auf das, was da war. Vorher hatte ich den Eindruck, dass jeder nur unser Elend sieht. Ich fühlte mich oft auf einen Opferstatus degradiert und bin dadurch sehr in die Isolation gerutscht. Das schwächte mich, machte mich defensiv.

Nun nahm ich mein Leben wieder mehr in die Hand, überlegte, was ich für mich tun könnte – und hatte die Idee, eine Zirkus-AG als gemeinsame Aktion für Regelschüler und Sonderschüler an der Schule meiner Töchter zu organisieren. Da es an der Sonderschule bereits zirkuspädagogischen Unterricht gab, hätten diese Kinder dabei endlich mal die Chance, die Nase vorn zu haben. Tatsächlich fand ich Fürsprecher, die Zirkus-AG wurde gestartet und ein großer Erfolg. Ich durfte das Projekt begleiten und merkte: Zirkus, diese spielerische Begegnung – das ist mein Ding, das fasziniert mich, das will ich machen.

Ich suchte Weiterbildungsmöglichkeiten, eine Zirkus-Ausbildung, und fand tatsächlich einen Kurs, der über mehrere Monate in verschiedene Module aufgeteilt war. Der erste Baustein bei diesem Kurs war der Clown. Ich hatte eine totale Abneigung gegen diese Figur. Aber wenn ich die Ausbildung machen wollte, musste ich dieses Modul belegen. Und ich wollte diese Ausbildung unbedingt machen.

Also fuhr ich widerwillig zu dem ersten Kurs. Und was dann passierte, überraschte mich selbst am meisten. Vom ersten Moment an hatte ich das Gefühl: Ich bin angekommen, endlich angekommen. Mir liefen dauernd die Tränen. Heute weiß ich, dass ich damals den Zugang zu meinem inneren Kind gefunden habe, zu meinem unverletzten inneren Kind. Dem Kind, das einfach vertraut. Das, wie der Clown, die Welt in ihrer Unvollkommenheit annimmt. Das weiß, dass es nicht alles kann, und trotzdem alles versucht. Das scheitert und sich nicht geniert. Das wieder aufsteht und lacht und weitermacht.

Ich empfand von Anfang an ganz viele Parallelen zwischen meinem Glauben und dem Clown. Denn auch bei Gott dürfen wir Fehler machen und werden bedingungslos geliebt. Und gleichzeitig hatte der Clown für mich auch sofort ganz viel mit Kilian zu tun. Auch er hat Menschen berührt, sie zum Strahlen gebracht, obwohl er vieles nicht konnte. Auch er hat durch seine Unvollkommenheit die Welt auf den Kopf gestellt. Kilian und der Clown haben mir einen anderen Blick auf die Welt ermöglicht, einen Perspektivwechsel.

Tröpfchenweise begann ich meine Zirkusausbildung, neben der Pflege von Kilian, meinen anderen beiden Töchtern und dem Haushalt. Mein Mann war durch die Krebserkrankung fast sieben Jahre lang zu Hause. Er hat mir keine Steine in den Weg gelegt, aber richtig verstehen konnte er auch nicht, was mich zur Figur des Clowns hinzog. Als es ihm wieder besser ging, beantragte er eine Umschulung und fing an zu studieren. Im Rahmen dieses Studiums musste er für eine Woche verreisen, und in diesen Tagen begann Kilian sich zu verabschieden.

Schon lange war die Ernährung für Kilian eine einzige Quälerei gewesen. Erst stellte der Magen seinen Dienst ein, deshalb musste die Sonde immer weiter abwärts im Darm angelegt werden. Trotzdem übergab er sich häufig. Nun konnte sein Körper offenbar gar nichts mehr verdauen, alles lief rückwärts, er erbrach sogar Kot, es war grausam.

Zusätzlich hatte sich seine Spastik verstärkt, sein Körper war total verdreht, wie ein Gewinde. Kilian hatte starke Schmerzen. Wir haben Morphium für ihn bekommen. Aber für mich war klar, dass er sagt: Ich will raus hier, ich kann nicht mehr. Ich rief meinen Mann an, er kam sofort nach Hause.

Wir haben seine Ernährung eingestellt. Es war meine Entscheidung, mein Mann trug sie aber vorbehaltlos mit. Unser Hausarzt sah es genauso, er hat uns unterstützt. Ebenso das Hospiz, via Telefon. Auch unsere Familien, unsere engsten Freunde waren einverstanden. Diese Akzeptanz hat geholfen.

Und auch Kilian hat mir durch ein Zeichen zu verstehen gegeben: Mama, es ist alles in Ordnung. Als ich einer Bekannten, die Kilian sehr mochte, sagte, dass er sich verabschiedet und bald sterben wird, meinte sie, ich solle Kilian von ihr ausrichten: Der, den er sieht – das sei Jesus. Das war ihre Formulierung, die hatte ich vorher auch noch nie gehört.

Ich bin also an Kilians Bett gegangen, habe ihm über den Kopf gestreichelt, ihn von der Freundin gegrüßt und ihm gesagt, was sie mir aufgetragen hat. Und da hat er gelacht, so herzlich gelacht wie schon lange nicht mehr. Früher hatte er viel gelacht, aber in den letzten Jahren eben leider gar nicht mehr. Nun lachte er laut und kräftig und seine Augen strahlten. Das war für mich seine Art, mir zu zeigen, dass er einverstanden war, an seinem letzten Lebensabend.

Der Hausarzt hatte gesagt, Kilians Sterben könne bis zu zwei Wochen dauern. Doch Kilian ist innerhalb von zwei Tagen gegangen. Ich bin an seinem Todestag sogar noch zur Arbeit gefahren, ich hatte damals einen Mini-Job und mein Mann meinte, ich solle hinfahren, er würde sich melden, wenn sich etwas verändern würde. Schon eine Stunde später rief er an. Um neun Uhr morgens war ich zurück – um fünf Uhr abends ist Kilian gestorben, bei uns zu Hause.

Ich war vorbereitet. Angeregt durch das Hospiz hatte ich mich schon lange mit diesem Moment des Abschieds beschäftigt. Mein Mann wollte das nicht. Aber mir war das enorm wichtig. Besonders die Zeit zwischen Tod und Trauerfeier wollte ich geregelt haben. Da wollte ich nicht funktionieren müssen. Und ich wollte meine Autonomie nicht verlieren, wollte nicht anderen erlauben, uns ihren Umgang mit Trauer überzustülpen. Darum entwickelte ich für die Zeit nach Kilians Tod einen Plan. Der veränderte sich zwar über die Jahre immer mal wieder, und zum Ende hin fielen mir viele Dinge auch einfach zu – aber ich war vorbereitet, behielt alles in der Hand und das tat mir gut.

Ich hatte zum Beispiel lange vorher irgendwo Ausstechförmchen für Schmetterlinge entdeckt und gleich gekauft. Damit backten wir nun Kekse, die wir bei der Abschiedsfeier verteilten. Kilians Schwestern verpackten sie einzeln in Zellophan und versahen sie jeweils mit einem schönen Vers, den die beiden sich überlegt hatten. Solche ungewöhnlichen Dinge hatte ich mir bereits überlegt und die fügten sich nun mit Neuem zusammen wie ein Puzzle. Das war stimmig für mich.

Und ich hatte einen Bestatter gesucht, der bereit war, unseren Weg mitzugehen. Kilian ist zu Hause gestorben und wir wollten ihn auch so lange wie möglich zu Hause behalten. Der Bestatter unterstützte uns und ließ uns gewähren. Er stellte den weißen Sarg im Wohnzimmer auf, den alle, die kamen, mit bemalen konnten.

Und, was mir besonders wichtig war: Er berührte Kilian eigentlich nicht. Wir versorgten unseren Sohn auch nach seinem Tod. Mein Mann und ich trugen Kilian ins Bad und wuschen ihn ein letztes Mal, föhnten seine Haare, zogen ihn schön an und legten ihn auf sein Bett. Es war, als wenn die Zeit stehen bliebe.

Jedes Detail war mir wichtig. Jede Bewegung, jede Berührung, alles hatte plötzlich einen ganz intensiven Wert.

Ich hielt Kilian noch stundenlang im Arm, wollte so lange wie möglich seine Wärme spüren. Ich habe viel geweint, aber ich war auch erleichtert, sein Tod war auch erlösend. Mein allererster Gedanke war: Ich verneige mich tief vor dir, mein Sohn. Dieses Gefühl kam von ganz innen.

Kilian sah noch lange schön aus. Erst, als sein Körper nur noch eine Hülle war, legten mein Mann und ich ihn in seinen Sarg. Das war ein sehr schwerer Schritt. Wir gaben ihm Briefe mit, Blumen, Selbstgebasteltes. Doch dann merkten wir: Irgendetwas stimmt nicht. Und uns fiel auf, dass seine Lagerungskissen fehlten. Das mag ein bisschen verrückt klingen, aber er sollte so liegen wie sonst auch. Also haben wir ihn richtig gelagert.

Der Moment, als der Sargdeckel geschlossen wurde, war hart. Aber dann machte der Bestatter etwas, wofür ich ihm noch immer sehr dankbar bin. Er fuhr ganz langsam und im Schritttempo die Straße hinunter, sodass wir bis zum Friedhof hinter seinem Wagen herfahren konnten, das war wie ein kleiner Trauerzug. Diesen letzten Weg mit Kilian gemeinsam gehen zu können – das hatten wir nicht abgesprochen, aber das tat enorm gut.

Am Freitag war Kilians Beerdigung – und am gleichen Tag fing ein neuer Block meiner Clownsausbildung an. Ich habe meine Familie und meine Freunde gefragt, ob sie es sehr merkwürdig finden würden, wenn ich dort hinfahren würde. Alle haben gesagt: »Wenn das für dich jetzt dran ist – dann mach es.« Also habe ich den Ausbilder gefragt, ob ich mir die Entscheidung offenhalten könnte, ich wolle die Trauerfeier abwarten, um dann erst ein klares Gefühl dazu zu bekommen. Das war in Ordnung für ihn. Und da wir eine homogene Gruppe waren, uns untereinander kannten, könnten die anderen mich auch mittragen, wenn ich zum Kurs käme, meinte er.

Tatsächlich habe ich nach der Beerdigung gemerkt, dass es

mich zu den roten Nasen zog. Also packten wir am nächsten Tag unsere Sachen und fuhren los. Mein Mann und unsere kleine Tochter Klara haben sich auf einem Bauernhof direkt neben meiner Ausbildungsstätte eingemietet, Pia, unsere Große, war ja schon 18 und wollte ihre eigenen Sachen machen. Wenn mir das früher jemand erzählt hätte, hätte ich vermutlich gedacht: Was ist das denn für eine Mutter? Aber ich konnte durch die Arbeit als Clown wirklich Kraft tanken, wieder zu meiner eigenen Lebensenergie finden. Ich habe die ganze Woche durchgehalten.

Und durch die Clownsfigur wurde mir auch klar: Ich trauere wie ein Kind. Es heißt ja, dass Trauer für Erwachsene wie ein tiefer Fluss ist, durch den sie hindurchgehen müssen, um dann irgendwann ans andere Ufer zu gelangen. Kinder hingegen seien in der Trauer Pfützenspringer. Sie werden zwischendurch mal richtig nass und finden das blöd, aber dann scheint wieder die Sonne und sie sind ausgelassen und fröhlich. Und genau dieser kindlichen Weise entsprach meine Trauer.

Durch die Clownsausbildung habe ich auch begriffen, wie nah Trauer und Humor beieinanderliegen. Denn in der Trauer besteht ein großes Bedürfnis, Spannungen loszuwerden. Und beim Lachen baut man Spannungen ab. Wobei Humor nicht heißt, dass alles lustig ist. Auch mit Humor nimmt man das Leben ernst. Humor ist für mich eine Ressource. Er verändert die innere Haltung. Mit Humor haben wir die Freiheit, Dinge anders zu sehen, sie auf den Kopf zu stellen und immer wieder zu entscheiden, ob das Glas halb voll oder halb leer ist.

Nach Kilians Tod habe ich meinen Humorberater absolviert, bin jetzt Humorcoach. Und seit anderthalb Jahren trete ich zusammen mit einer Freundin als Klinikclown auf. Dabei geht es mir um die Begegnung, den Zuspruch, den ich geben kann. Kürzlich kamen wir zum Beispiel in das Zimmer einer sehr alten Dame. Sie war schon länger bettlägerig, konnte kaum noch sehen, freute sich, dass wir kamen, und sagte leise: »Oh let me go, let me go, in the land, where milk and honey flow …« Sie zeigte uns also, dass sie sterben wollte. Und dem nicht zu widersprechen, sondern es wahrzunehmen und anzunehmen, ohne Wertung – das ist die Haltung, die Wertschätzung, die mir als Clown möglich und wichtig ist. Wir haben zu ihren Worten eine Melodie improvisiert und das Lied dann mit ihr gemeinsam gesungen, es klang fast wie ein Gospel.

Als Klinikclown bin ich in einer anderen Welt. Da bin ich ganz und heil. Ich glaube, das spüren die Menschen, das berührt sie. Ich spiegle ihnen ihr inneres Kind. Und ich habe durch den Clown meine Form gefunden, mich auszudrücken. Der Clown gibt mir die Freiheit, meine Gefühle zu leben, ohne sie kontrollieren zu müssen.

Eine Ärztin, die uns gern zuschaut, kam neulich auf uns zu. Ich fragte sie, ob sie Kilian noch kennengelernt habe, wir waren ja oft mit ihm im Krankenhaus. »Nein«, sagte sie und Tränen stiegen ihr in die Augen, »aber dann verwaltest du ja das Erbe deines Sohnes.« Ohne mich zu kennen, hat sie meine Absicht erspürt. Das hat mich sehr berührt.

Kilian war für mich eine Gottesgabe. Ich möchte alles, was ich durch ihn erfahren durfte, im Positiven weiterführen. Manchmal überkommt mich noch tiefe Trauer, eine große Sehnsucht nach ihm. Aber ich weiß, wo er herkommt, ich weiß, wo er hingegangen ist. Da ist nichts Verlorenes, nichts Entrissenes. Sein Leben ist für mich rund.

Protokoll: Silke Baumgarten

Ich muss meinen Sohn nicht loslassen

Niemand wusste, dass Pascal an einem Chromosomen-Defekt litt. Seine Mutter erfuhr davon erst, als er mit acht Jahren an plötzlichem Herzstillstand starb. Für Denise van Recum aus Neuss ist klar: Ihr Kind ist nicht weg, sondern nur »in einem anderen Raum«. Sie versucht weiterhin, seine Botschaften zu verstehen.

Früher gehörte ich zu den Menschen, die schnell das Thema wechseln, wenn die Rede auf den Tod kommt. Was danach passiert, darüber machte ich mir keine Gedanken. Ganz anders als Pascal. Immer wieder stellte er Fragen zum Sterben. Von meinem Mann wollte er ein paar Wochen vor seinem Tod wissen, wie es sich anfühle, tot zu sein, und was danach komme. Er fragte: »Bist du traurig, wenn ich sterbe?« Am Abend, bevor sein Herz aufhörte selbstständig zu schlagen, fragte er seine elfjährige Schwester, ob sie nach seinem Tod weinen würde. Jacqueline mochte nicht darüber sprechen und lenkte ab. Nur mit mir hat Pascal nie über das Sterben geredet, und ich hätte ihn nie darauf angesprochen. Warum auch? Für mich war er ein ganz normaler, ganz gesunder Junge, der nur sehr viel Zeit und Aufmerksamkeit einforderte. Immer musste alles ganz schnell gehen. Rollschuhfahren lernen? Bitte sofort. Irgendwo hochklettern? Aber ganz flott. Er lief im Eilgalopp durch sein Leben, war lustig, laut, hektisch und impulsiv.

Am 16. September 2011 klappte er morgens in der Schule vor Unterrichtsbeginn völlig überraschend zusammen. Die Diagnose lautete »großer epileptischer Anfall«. Er sollte über Nacht zur Beobachtung im Krankenhaus bleiben und ich blieb bei ihm. Die Ärzte versuchten mich nach dem Kurz-EEG und Kurz-EKG zu beruhigen. Es gebe keinen Grund zur Sorge, sagten sie, und es würde völlig ausreichen, wenn wir irgendwann mal in Ruhe wiederkämen für eine gründlichere Untersuchung und längere EEGs.

Doch Pascal war danach total wesensverändert. Noch unruhiger als sonst und voller Angst, dass er wieder umkippen würde. Genau eine Woche später rief uns das Schulsekretariat an, wir sollten sofort kommen. Ich hatte den Vormittag über ein merkwürdiges Gefühl mit mir herumgetragen, so als würde sich etwas Ungutes anbahnen. Als wir kamen, lag Pascal in der Turnhalle klinisch tot am Boden. Ich kollabierte fast, kriegte einfach nicht sortiert, dass das mein Kind ist, das dort von hektischen Sanitätern wiederbelebt und dann ins Krankenhaus gebracht wurde.

Sein Herz schlug nicht mehr, doch er überstand die Notoperation, wurde an eine Herz-Lungen-Maschine angeschlossen und in die Uniklinik verlegt. Zum Glück befand sich sein Gehirn neurologisch trotz allem in einem guten Zustand. Deshalb wurde er zwei Wochen später, noch immer im künstlichen Koma, mit einem Privatflugzeug in das Herzzentrum an der Berliner Charité transportiert. Er hatte ja immer vom Fliegen geträumt.

In Berlin sollte ihm ein Kunstherz eingesetzt werden und dann hätte er auf die Warteliste für eine Herztransplantation gesetzt werden können. Aber dazu kam es am Ende gar nicht mehr. Ich ließ mich sofort krankschreiben, fuhr mit dem Zug hinterher und tigerte alleine stundenlang planlos und in Panik durch die Stadt, während mein Kind operiert wurde. Mein Mann hatte sich entschieden, mit Jacqueline zu Hause zu bleiben und weiterzuarbeiten, auch weil keine Schulferien waren.

Nach der OP wollte ich jede Minute an seinem Bett sitzen, ihn streicheln, bei ihm sein. Aber von den neun Stunden, die ich in den folgenden zwei Wochen täglich im Krankenhaus verbrachte, durfte ich höchstens drei Stunden zu Pascal. Immer wieder schickten mich die Ärzte raus, weil Pascal mit etwa neun anderen Kindern auf einer Intensivstation lag und ständig ein frisch operiertes Kind eingeliefert oder notoperiert wurde.

Während ich Stunde um Stunde im Wartezimmer auf und ab lief oder durch Berlin geisterte, wusste ich nie, ob er noch leben würde, wenn ich wieder nach ihm fragen konnte. Die Ärzte blieben sehr vage in ihren Auskünften über seine Lebenserwartung. Besonders schlimm fand ich, dass ich nie alleine mit Pascal sein konnte. Ihm war ein Kinderintensivpfleger zugeteilt worden, der ständig neben seinem Bett wachte. Die meisten Betten waren nicht mal durch Vorhänge voneinander getrennt, und ich durfte mich ihm nur mit Mundschutz und Handschuhen nähern. Als die entscheidende Operation, bei der das Kunstherz eingesetzt werden sollte, nicht gut verlief, bekam ich Angst. Ich fühlte tief in mir drin, dass ich Pascal verliere, und bat meinen Mann erschöpft, nun doch zu kommen. Und er kam mit Jacqueline. Noch knapp zwei Wochen waren wir in Pascals Nähe, die meiste Zeit über im Wartezimmer.

Ich beobachtete besorgt, dass die anfangs so akribische Pflege nachlässiger ausgeführt wurde, dass Pascal immer weniger Krankengymnastik bekam und die Maßnahmen gegen das Wundliegen eingeschränkt wurden, und interpretierte diese kleinen Zeichen als Hinweise, dass die Ärzte wenig Hoffnung hatten. Verzweifelt kämpfte ich für eine Zweierkabine, um jede kostbare Minute bei meinem Kind sein zu können. Aber trotz meiner Zusatzversicherung blieb es bei dem konsequenten Nein der Ärzte. Immerhin nahm ich ihnen das Versprechen ab, mich sofort anzurufen, sobald akute Lebensgefahr bestünde. Als der entscheidende Anruf kam und wir frühmorgens in die Klinik rasten, da hatten die Ärzte den Beatmungsschlauch schon gezogen und seine Lunge war in sich zusammengefallen. Für mich war ganz schlimm, dass sich sein Brustkorb schon nicht mehr hob und senkte und bereits alles unumkehrbar war. Ich war wütend, dass die Ärzte nicht auf uns gewartet hatten. Sie hatten ihr Versprechen nicht gehalten und uns zu spät informiert. Die Intensivschwester wollte mich trösten und sagte, dass sie ihm in dieser letzten Nacht seine Lieblingsmusik vorgespielt und ihm vorgelesen habe. Aber das fand ich nur noch furchtbarer, denn ich als seine Mutter hätte das gerne selbst getan. Die Ärzte erklärten uns, dass sie selbst mit maximalen Medikamenten keinen Blutdruck mehr halten konnten, dass es Einblutungen im Gehirn gegeben hatte und man es ethisch jetzt nicht mehr verantworten könne, ihn mit Maschinen am Leben zu erhalten. Ich war den Ärzten aber dankbar, dass sie nicht von meinem Mann und mir verlangt hatten zu entscheiden, ob wir die Geräte abstellen oder nicht, sondern dass sie aufgrund der Signale seines Körpers entschieden hatten. Ich hatte große Angst gehabt, dass ich Gott spielen soll.

Wir durften jetzt mit ihm alleine sein, immerhin für wertvolle vier Stunden. Die Vorhänge um sein Bett zogen sie zu. Pascal war in Tiefnarkose versetzt worden, wohl als eine Art Sterbehilfe. Dadurch konnte er aber in seinen letzten Stunden unsere Stimmen nicht mehr hören, und als die Maschinen in unserem Beisein abgestellt wurden, starb er so erschreckend schnell.

Keine 20 Minuten später wollten sie auch schon die Schläuche herausoperieren und sein Bett neu belegen. Für mich war diese Eile furchtbar. Nur weil ich einsah, dass Jacqueline jetzt nicht mehr konnte und dringend rausmusste aus der Klinik, gab ich nach und überließ Pascals Körper den Ärzten. Zwei Stunden später durften wir zurückkehren ins Krankenhaus. Sie hatten ihn in einem mit Blumen dekorierten Abschiedsraum aufgebahrt und jetzt sah Kalli mit einem Lächeln auf dem Gesicht zum ersten Mal seit seinem Zusammenbruch entspannt aus. Das war für mich in diesem Moment beruhigend. Mein Mann und ich saßen bei ihm, aber es fehlte uns die innere Ruhe, die so wichtig gewesen wäre. Denn Jacqueline wartete währenddessen alleine in unserem Appartement. Sie hatte ihren toten Bruder kurz vorher verabschiedet und ich ahnte, welche Bilder sich in ihrem Kopf bewegten, und war hin- und hergerissen zwischen der Sorge um meine Tochter und meinem großen Wunsch, meinen Sohn in Ruhe zu verabschieden.

Ich gab Pascal einen Brief mit in den Sarg, in dem ich ihm versprach, in Kontakt mit ihm zu bleiben. Nach der Beerdigung schrieb ich ihm immer wieder Gedichte, später auch ein Lied und viele Briefe, die ich in einer Schutzfolie hinter das Holzkreuz auf seinem Grab klemmte. Darin erzählte ich ihm, wie es mir ging, was sein Vater und seine Schwester machten und wie sehr er mir fehlte. In den ersten Wochen realisierte ich noch gar nicht wirklich, dass er nie mehr zurückkommt. Und dann kam eine unglaubliche Wut in mir auf, über die ich selbst erschrak. Ich suchte nach Schuldigen und spürte, dass es besser ist, wenn ich gar nicht erst weiß, wer das sein könnte. Ich hatte keine Ahnung, was ich mit diesen Menschen gemacht hätte.

Meine engste Freundin Moni erkannte und verstand meine Wut und nahm mich mit in den Wald. Sie ermutigte mich, meine angestauten Gefühle laut herauszuschreien. Und das tat ich. Ich schrie und schrie. Wieso gerade mein Kind? Wieso der Kalli, dieser kleine Seelenverwandte, mit dem ich so eng verbunden war? Manchmal schrie Moni mit mir, manchmal begleitete sie mich nur, aber immer war sie für mich da.

Meine Wut trieb mich auch zurück in das Krankenhaus in Neuss, wo nach Pascals erstem Zusammenbruch übersehen worden war, dass etwas mit seinem Herzen nicht stimmte, und die Fachleute offenbar eine falsche Diagnose gestellt hatten. Ich wollte eine Erklärung. Zwei Ärzte standen uns in einem Gespräch Rede und Antwort und nur weil ich mich ernst genommen fühlte und nicht wie eine bloße Akte behandelt wurde, ging ich einigermaßen ausgesöhnt nach Hause.

Vielleicht klingt es merkwürdig, aber Pascal und ich bildeten in unserer vierköpfigen Familie eine Art Einheit. Wir waren Verbündete, ähnelten uns vom Wesen her sehr, so wie mein Mann und unsere Tochter viele ähnliche Charakterzüge haben. Bei Pascal spürte ich oft ohne Worte, was er vorhatte, wie er sich fühlte. Immer wieder hatte er seine Arme liebevoll um mich gelegt, sich an meinen Rücken geschmiegt und gesagt: »Ich hab dich lieb.«

Er fehlte und fehlt mir unendlich. Besonders an Familienfesten wie Weihnachten oder Geburtstagen spüre ich bis heute die große Lücke, die er hinterlassen hat, und manchmal hätte ich mich an diesen Festtagen in den letzten Jahren am liebsten heimlich zu seinem Grab geschlichen. Meiner Familie zuliebe, die mich dabeihaben wollte ohne Tränen und ohne Geschichten über Pascal, versuchte ich mich zusammenzureißen. Zumal mir Jacqueline in einem Streit erklärte, dass sie mich als Mutter in den vergangenen Jahren vermisst und sich von mir oft nicht richtig gesehen gefühlt hatte. Sie sagte: »Und jetzt, wo Pascal nicht mehr da ist, brauchst du auch nicht anzukommen!« Ich war zutiefst betroffen, es tat mir so leid, dass sie sich benachteiligt gefühlt hatte, und ich konnte sie sogar verstehen. Auf keinen Fall wollte ich ihr jetzt noch das Gefühl geben, dass ihr Bruder auch nach seinem Tod mehr Zeit und Raum von mir zugestanden bekam als sie. Ich war ja dankbar, dass sie meinem Leben weiterhin einen Sinn und meinem Alltag eine gewisse Struktur gab. Und gleichzeitig kreisten meine Gedanken und Gefühle immer um Pascal. Ich versuchte, Jacqueline stärker einzubinden in meine Trauer und mich nicht abschrecken zu lassen von ihrer abweisenden Haltung. Sie wollte aber überhaupt nicht über Pascal sprechen, nicht mit auf den Friedhof kommen und erst recht nicht in eine Geschwister-Trauergruppe gehen. Sie versuchte so zu tun, als sei nichts passiert. Sie traf sich mit Freundinnen, lernte für die Schule. Ähnlich wie mein Mann ging sie dem Schmerz mit aller Kraft aus dem Weg und bat uns Eltern um einen radikalen Neuanfang, einen Umzug irgendwohin, wo uns nichts an Pascal erinnern würde. Für mich war das undenkbar. Ich spürte, wie sie trotz der Verdrängungsversuche litt, und machte mir Sorgen, wie die Bilder aus den Wochen in Berlin in ihr nachwirkten. Aber ich konnte sie nicht in eine Therapie zwingen und wollte keine Traurigkeit heraufbeschwören, wo keine war.

Während ich mich um meine Tochter bemühte, entfernte ich mich innerlich von meinem Mann, der mich an seiner Trauer so gut wie gar nicht teilhaben ließ. Schon vor Pascals Tod hatte es Konflikte zwischen uns gegeben, auch weil wir sehr unterschiedlich sind. Aber erst in dieser Extremsituation wurde uns unsere Gegensätzlichkeit zum Verhängnis. Mein Mann sperrte sich gegen alle Rituale, gegen alle sichtbaren Zeichen der Erinnerung, die mir großen Halt gaben und eine Verbindung zu Pascal schafften. Als ich eine große Leinwand mit einem Foto von Pascal in unser Wohnzimmer hängte, um vom Sofa aus Blickkontakt mit ihm halten zu können, waren er und Jacqueline nicht einverstanden. Das Foto war ihnen zu groß und die Stelle, wo es hing, zu präsent. Als ich auch noch Kerzen, kleine Figuren und Engel unter das Bild stellte, erklärte mir Jacqueline widerwillig, dass ihr das vorkäme, als wäre Pascal unter dem Foto begraben. Bis auf ein kleines Geschwisterfoto, das schon immer bei uns an der Wand gehangen hatte, sollte nichts an Pascal erinnern. Auch mein Vorschlag, an Weihnachten eine Kerze an seinen leeren Platz zu stellen, lehnten beide ab. Ich ließ das große Foto aber trotz der Widerstände hängen und nahm in Kauf, dass sie mich egoistisch fanden. Weder mein Mann noch meine Tochter sahen, dass ich mich der Familie zuliebe schon sehr zurücknahm in meiner Trauer.

Was in meinem Mann innerlich vorging, erfuhr ich nicht am Küchentisch zu Hause, sondern hauptsächlich während der Gespräche in unseren Trauergruppen, die wir jahrelang gemeinsam besuchten. Mein Mann traf sich zusätzlich mit verwaisten Vätern, was ihm sehr guttat. Auch ich hätte gerne eine reine Müttergruppe besucht, die es leider nicht in unserer Nähe gab, schon um mich austauschen zu können über die Auswirkungen der Trauer auf meine Beziehung. Ich machte mir Sorgen um unsere Ehe und hoffte, dass uns ein gemeinsames Hobby guttun würde. Weil wir beide Schrebergärten mögen, mieteten wir uns einen Garten etwa 300 Meter Luftlinie von Pascals Grab entfernt, dem ich mich sofort verbunden fühlte. Gemeinsam wühlten wir an vielen Wochenenden in der Erde und bauten Gemüse an. Ich brachte meine selbst ausgesäten Blumen an Pascals Grab und war darüber glücklich. Mit der Erde und mit Pflanzen zu arbeiten, fühlte sich so lebendig an. Alles, was dem Tod, dem Stillstand und dem Ende entgegensteht, war und ist heilsam für mich. Aber unsere Liebe konnten wir auch durch die gemeinsame Gartenarbeit nicht retten.

Viel Verständnis und Unterstützung bekam ich im ersten Trauerjahr von Pascals Klassenlehrerin. Kurz vor seinem ersten Sternengeburtstag, der nur zwei Wochen auf seinen Tod folgte, fragte sie mich, ob ich mir ein bestimmtes Ritual wünsche. Ich wollte mit den Schulkindern Luftballons in den Himmel steigen lassen, und so kamen an seinem Geburtstag alle Kinder der Schule auf dem Schulhof zusammen und ließen, Klasse für Klasse, ihre Ballons mit kleinen Zettel-Botschaften zu Pascal nach oben fliegen. Es waren schöne Bilder, die ich in meinem Herzen bewahre.

Dass mein Mann und Jacqueline nicht dabei sein wollten, fand ich schade, aber dafür kamen meine Eltern als Unterstützung mit. Mit Pascals Schulklasse gingen wir anschließend zum Grab, und jedes Kind legte dort ein brennendes Teelicht ab. Wir sprachen gemeinsam ein Gebet und sangen ein Happy Birthday. Dass seine Lehrerin mir ihre Trauer um Pascal so offen zeigte und auch die Kinder ohne Berührungsängste einband, empfand ich als großes Glück.

Wie gerne wäre ich auch mit seinen Freunden und Schulkameraden in Kontakt geblieben. Sie sind für mich einfach ein Stück von Pascal. Ich bin mir ganz sicher, dass Pascal es schön findet, wenn ich mit den Menschen zusammen bin, die er mochte, und dass er von oben mitbekommt, was ich hier unten mache. Aber die meisten Eltern seiner Freunde, auf deren Wohlwollen ich angewiesen bin, zogen sich still und ohne Erklärungen zurück. Es kam mir manchmal vor, als würden sie ihre Kinder regelrecht vor mir abschirmen. Nur einmal sagte mir eine Mutter direkt, was vermutlich viele dachten: »Mein Kind hat jetzt genug unter Pascals Tod gelitten, jetzt muss es mal gut sein, ich möchte ihn nicht länger belasten.«

Sein bester Freund aber und dessen Mutter zeigten mir ihre Trauer und begleiteten mich. Wir beklebten zusammen Wachskerzen, bemalten Steine für sein Grab und tauschten Erinnerungen an Kalli aus. Für mich ist es schön zu spüren, dass er nicht nur mir, sondern auch anderen fehlt.

Weil ich den Kontakt zu Kindern in Pascals Alter immer mehr vermisste, freute ich mich, dass mir über merkwürdige Zufälle ein kleiner Nebenjob als Teamleiterin in einer Jungendherberge angeboten wurde. Ich sagte sofort zu. Einen Tag in der Woche leite ich seitdem neben meinem Halbzeitjob als Versicherungskauffrau eine Gruppe mit Grundschulkindern. Ich spiele und bastle mit ihnen Verschiedenes zum Thema Römer und Mittelalter. Die Lebendigkeit der Kinder gibt mir viel Aufwind. Mir kommen oft ganz verrückte Ideen, was wir zusammen anstellen könnten. Es fühlt sich an, als würde mir Pascal über die Schulter schauen und mich anstiften. Ihm hätte so ein Rittertag größten Spaß gemacht. Um Pascal herum war es immer laut, lustig und wild.

Nur auf den Fotos aus den letzten Wochen vor seinem Zusammenbruch sieht er ganz anders aus, als er war: blass, ernst, nachdenklich, manchmal auch richtig abwesend. Immer wieder schaue ich mir heute verwundert diese Fotos an und frage mich, warum mir damals nichts an Pascal aufgefallen ist. Erst rückblickend wirken die Bilder wie eine Vorhersage. Nein, das ist schon nicht mehr mein Pascal, der immer für Spökes zu haben war. Seine Lebenskraft war offenbar schon abgeklungen und er sieht aus, als wäre er bereits in einer anderen Welt. Über diese andere Welt wollte ich jetzt alles wissen. Ich las Bücher über Nahtoderfahrungen und bin mir seitdem sicher, dass mit dem Tod nicht alles zu Ende ist. Für mich lebt Pascal auf einem Stern weiter und nimmt auch weiterhin Anteil an unserem Leben. Er hört mich und er sieht mich, das weiß ich einfach.

In den ersten Monaten, in denen ich abends oft nicht einschlafen konnte, suchte ich im Internet nach Menschen, denen etwas Ähnliches passiert war wie mir. Ich fand die Online-Trauergruppe »Leben ohne Dich« (LOD), die Seminare und Selbsthilfegruppen für verwaiste Eltern organisiert und ein Internetforum anbietet, in dem man sich geschützt vor öffentlichen Mitlesern austauschen kann. Stundenlang schrieb ich mir mit Frauen hin und her, deren Kinder wie Pascal an einem Herzstillstand gestorben waren, und endlich fühlte ich mich verstanden. Einmal besuchte ich auch eine der Mütter und ging mit ihr zum Grab ihres Sohnes. Bis heute stehen wir in Kontakt, und würden wir nicht so weit voneinander entfernt wohnen, träfen wir uns sicher häufiger.

Etwa ein Jahr nach Pascals Tod nahm mich eine Freundin das erste Mal mit nach Aachen zu den Spirituellen Nächten. Das sind Singabende, die viermal im Jahr in einer Kirche stattfinden. Dort versammeln sich Hunderte Menschen, von denen viele mit Trauer und Verlust konfrontiert worden sind. Nicht nur mit der Trauer um ein Kind, auch mit der Trauer um die Beziehung, den gesunden Körper oder den Partner. Gemeinsam singen wir nicht-konfessionelle Glaubenslieder zu Themen wie Vergänglichkeit, Lebendigkeit und Wiedergeburt. Wenn rund 500 Menschen gemeinsam das Halleluja anstimmen, entsteht eine unglaubliche Dynamik und Lebensfreude und in mir das Gefühl, eins zu sein mit dem Universum und dem Göttlichen. Ich fühle mich in diesem Kreis wie ein winziges Sandkorn in einem großen Ganzen: aufgehoben und sicher, getragen von anderen Menschen und von Gott. Ich singe laut oder leise, hoch oder tief, ich muss keine bestimmte Tonlage halten wie in einem gewöhnlichen Chor. Und fast immer spüre ich dann Pascal und bin ihm nahe.

Im zweiten Trauerjahr ging es mir allmählich etwas besser. Dafür bekam Jacqueline starke und anhaltende Bauchschmerzen. Sie musste zur Beobachtung ins Krankenhaus. Es stellte sich schnell heraus, dass ihre Schmerzen psychosomatisch waren. Glücklicherweise bekam ich für sie einen Platz in einer anthroposophischen Klinik, in der sie nicht mit Psychopharmaka behandelt wurde, sondern mit Kunst- und Gesprächstherapien, Tees, Kräutern und viel Verständnis. Nach acht Wochen konnte sie wieder nach Hause kommen und war nun auch bereit, eine Trauergruppe für Geschwister zu besuchen und sich auf Gespräche einzulassen mit einer feinfühligen Trauerbegleiterin. Seitdem kann sie wieder zur Schule gehen und kommt besser in unserem neuen Leben zurecht.

Ich selbst suche nach wie vor Wege, wie ich mit Pascal kommunizieren kann, und achte auf kleine Zeichen von meinem Sohn. Einmal stand ich mit unendlich großer Sehnsucht an seinem Grab und wünschte mir jemanden zum Reden. Plötzlich kam eine Frau auf mich zu, die ich noch nie auf dem Friedhof gesehen hatte. Ich erzählte ihr spontan von Pascal und fühlte mich etwas getröstet, aber irgendwann dachte ich, dass ich gerne wieder alleine wäre. Da sagte sie: »Nun wollen Sie bestimmt wieder mit Ihrem Sohn alleine sein«, verabschiedete sich und ging. Ich habe sie nie wiedergesehen.

Nicht immer sind die Zeichen, die Pascal mir schickt, so sichtbar. Ich bitte ihn manchmal, mir das richtige Gefühl zu geben, bevor ich eine wichtige Entscheidung treffe. Und immer kommt dann aus meinem Inneren eine Tendenz, die mir wirklich hilft. Seit Pascals Tod habe ich gelernt, aufmerksamer in mich hineinzuhören und auf mein Bauchgefühl zu vertrauen. Als er nach seinem ersten Zusammenbruch aus der Neusser Klinik entlassen wurde, spürte ich tief in mir, dass diese frühe Entlassung falsch ist. Die ganze Nacht über hatte ich das Gefühl gehabt, ihn bewachen zu müssen, damit er nicht stirbt. Aber ich glaubte damals den Ärzten. Heute nehme ich mein Gefühl ernster.

Etwa anderthalb Jahre nach seinem Tod erfuhren wir endlich den Grund für sein Herzversagen. Noch im Krankenhaus hatten uns die Ärzte gefragt, ob wir an einer genetischen Studie teilnehmen und Pascals Blut untersuchen lassen wollten, um herauszufinden, wie das Herz eines scheinbar völlig gesunden kleinen Menschen plötzlich vollständig ausfallen kann. Nun sagten sie uns, dass bei Pascal zwei Chromosomen verändert waren und er an einer noch unerforschten und bisher namenlosen Krankheit gestorben war.

Als Pascals zweiter Sternengeburtstag näher rückte, beschloss ich, diesen Tag richtig groß zu feiern. An seiner Beerdigung hatte ich so geweint, dass ich sprachlos gewesen war. Ich bin mir aber sicher, dass er mich am Grab hatte stehen sehen und mich auch hätte hören können. Unbedingt wollte ich ihm wenigstens nachträglich meine Gedanken übermitteln und im Kreis seiner Freunde an ihn erinnern. Ich lud alle Kinder und Eltern seiner Klasse in eine von mir gemietete Kirche ein und kümmerte mich nicht um das Getuschel der Leute, die es sonderbar fanden, den Geburtstag eines Toten zu feiern. Es wäre hilfreich für mich gewesen, wenn diese Menschen ihre Zweifel mit mir und nicht nur untereinander besprochen hätten. Dann hätte ich ihnen gerne erklärt, dass ich mich lieber an Pascals Geburt und seine Geburtstage erinnere als an den Tag seiner Beerdigung und deshalb diesen Tag feiern möchte. Mein Mann ließ mich ohne Widerstände planen, wusste aber nicht, ob er die vielen fröhlichen Kinder ertragen würde, und entschied erst kurz vorher, dabei zu sein. Ich dekorierte die Tische in Pascals Lieblingsfarbe Grün, kaufte seine Lieblingssüßigkeiten und bastelte einen Papierbaum, auf dessen Blätter jeder einen Gruß schreiben konnte. Die Kinder hatten auf meinen Vorschlag hin zu Hause Steine bunt angemalt, die legten wir gemeinsam auf sein Grab. Und dann hielt ich endlich die Rede, die mir so wichtig war: »Ich weiß, dass einige von euch ein komisches Gefühl hatten, als sie unsere Einladung erhielten«, sagte ich. »Manch einer hat sich gefragt, ob man den Geburtstag eines Kindes, das leider nicht körperlich anwesend ist, wirklich feiern kann und darf. Für mich ist Pascal nicht weit weg von uns, er ist nur im Zimmer nebenan. Wir können ihn nicht mehr in seiner alten, uns bekannten Erscheinung sehen. Aber ich spüre oft ganz deutlich: Er ist da. Ich kann euch nicht sagen, wo er ist, denn keiner von uns weiß, wohin man geht, wenn man diese Erde verlassen muss. Ich stelle mir vor, dass er oben im Himmel einen wundervollen Stern hat. Dort sitzt er und beobachtet uns alle und kann uns sehen. Ich glaube, Pascal wäre sehr froh, wenn wir nicht alle traurig und alleine sind und weinen. Er wäre froh, dass so viele von den Menschen, die ihm sehr wichtig waren, also seine Freunde, hier sind.« Zum Abschied bekamen Pascals Freunde kleine Geschenktüten mit einem Gedicht und einem Leuchtstern, der den Ort symbolisieren soll, an dem er heute ist.

Ermutigt von meiner Rede, in der ich klar bekundet hatte, dass ich an ein Leben nach dem Tod glaube, erzählte mir eine

Freundin später, sie habe von einem Schamanen eine Botschaft von Pascal für mich bekommen. Obwohl in dieser Branche viele schwarze Schafe herumlaufen, wollte ich diesen Menschen kennenlernen. Aber der Abend in einer kleinen Gruppe verlief enttäuschend. Der Schamane erzählte, dass mein Sohn schon mehrere Leben mit mir zusammen gelebt habe, dass es ihm jetzt gut gehe und ich in einem früheren Leben in Irland in einem Kloster gewohnt und dort mit Kindern gearbeitet habe. Das passte zwar alles irgendwie zu mir, aber ich hatte mir mehr erhofft. Denn während ich dort saß, spürte ich, dass Pascal ganz nahe bei mir war. Ich hatte dieses warme und beschützende Gefühl und erwartete, dass der Schamane Pascals Nähe ebenfalls spüren und mir nun eine konkrete Botschaft von ihm übermitteln müsse. Und so wie zu Lebzeiten, wenn ich ihn irgendwo abholte, hatte ich ein kleines Mitbringsel für Pascal in der Tasche. Kalli hätte, um sich zu erkennen zu geben, bestimmt gefragt: »Mama, was hast du mir mitgebracht?« Auf diesen Satz wartete ich insgeheim, aber der Schamane spürte nichts und am Ende des Abends war mir klar, dass ich einem Fremden die elementar wichtige Kommunikation mit meinem toten Kind nicht anvertrauen kann. Wie soll ich wissen, ob er mir die Wahrheit sagt? Ich brauche aber auch kein Medium, wenn ich nur selbst aufmerksam auf Pascals Zeichen achte.

Sein Tod ist inzwischen fünf Jahre her. Seit einigen Wochen lebe ich getrennt von meinem Mann. Anfangs fühlte sich sein Auszug an, als würde nun die nächste Säule wegbrechen. Noch haben wir nicht geklärt, wie ich finanziell über die Runden komme und ob ich mit Jacqueline in unserem Haus wohnen bleiben kann, in dem mich so viel an Pascal und die schönen Jahre mit ihm erinnert. Aber die Trennung ist auch eine Chance für mich. Ich kann meine Trauer nun ohne Rücksicht auf meinen Partner so leben, wie ich das möchte, und ohne schlechtes Gewissen so sein, wie ich bin. Vor Kurzem verbrachten wir noch einmal einen Urlaub, der lange gebucht war, zu zweit, und bei allen Differenzen freute ich mich, dass mein Mann erstmals von sich aus anfing, über Pascal zu sprechen, und mir erzählte, was er gerne noch alles mit ihm unternommen hätte. Auch meine Tochter sperrt die Trauer nicht mehr aus und plant jetzt ein kleines Tattoo als Erinnerung an ihren Bruder. Seit mein Mann ausgezogen ist, rücken wir beide enger zusammen und haben viele gute Gespräche.

Meine Sehnsucht nach Kalli hat in den letzten Jahren nicht nachgelassen. Noch immer gilt ihm mein erster Gedanke am Morgen und mein letzter Gedanke am Abend. Ich habe lange gebraucht, um überhaupt zu verstehen, dass er wirklich nicht mehr zurückkommt. Was mich aber tröstet, ist die Gewissheit, dass ich ihn nicht loslassen muss. Keine Mutter will ihr Kind loslassen. Ich musste seinen Körper, seine mir bekannte Gestalt, hergeben. Aber nicht seine Seele. Ich darf weiterhin Kontakt zu ihm haben. Auf meine Art.

Protokoll: Silia Wiebe

Ich wollte verstanden werden

Willem starb in der 28. Schwangerschaftswoche. Seine Mutter, Silia Wiebe aus Hamburg, erzählt von seinem unerwarteten Tod, seiner stillen Geburt und den ersten Tagen, Monaten und Jahren danach, als sie und ihr Mann zum zweiten Mal um ein Kind trauerten, das sie nicht kennenlernen konnten.

Wir saßen auf einem Steinhang und schauten auf das rauschende Meer vor Norderney. Mein Mann Nils, meine jüngere Schwester Sophia, unser vierjähriger Sohn Ole und ich mit meinem Fast-Acht-Monatsbauch. Es gibt ein Foto von uns, wie wir da sitzen – eine kurze Momentaufnahme der Unbeschwertheit in einer Zeit voller Anspannung. »Wir haben es wirklich geschafft!«, war unser Gefühl in diesen Tagen. Willem wird leben, anders als unser erstes Kind, das im fünften Schwangerschaftsmonat aus unerklärlichen Gründen starb, und anders als die frühen Fehlgeburten danach. Bei jeder gynäkologischen Untersuchung hatte ich in den vorausgegangenen Wochen voller Angst auf das Ultraschallgerät geschaut. Bis zu dem erlösenden Moment, wenn ich Willems Herz schlagen sah. »Sie bekommen ein ganz normales gesundes Kind«, sagten die Gynäkologin, die Feindiagnostikerin und die Hebamme, die meine fünfte Schwangerschaft engmaschig überwachten. Aber ich konnte ihnen nicht glauben, obwohl ich grundsätzlich ein zuversichtlicher Mensch bin, und drängte meinen Mann schon im siebten Monat zu einer endgültigen Entscheidung für den Vornamen unseres Kindes. Wahrscheinlich hatte ich eine Vorahnung.

Mein Mann arbeitete als Kinderarzt mit Schwerpunkt Frühgeborenenheilkunde auf der Intensivstation. Er wusste, dass wir zumindest die 28. Schwangerschaftswoche erreichen müssen. Dann haben Frühchen mit medizinischen Mitteln sehr gute Überlebenschancen und müssen nicht mit schweren organischen Beeinträchtigungen rechnen. Auch Nils war besorgt, aber längst nicht so ängstlich wie ich.

Wie eine zerbrechliche Glaskugel trug ich meinen Babybauch vor mir her und bewunderte meine entspannten schwangeren Freundinnen, die den Kopf schüttelten über meine scheinbar unbegründeten Ängste. Sie rieten mir, eine Praxis mit psychologisch ausgebildeten Hebammen aufzusuchen. Die therapeutischen Gespräche taten mir auch wirklich gut. Meine Angst nahmen sie mir aber nicht.

Als wir endlich die 28. Woche erreicht hatten, fuhren wir erleichtert mit meiner Schwester in den Familienurlaub nach Norderney.

Das Lied »Über Nacht« von der deutschen Rockband »Element of Crime« ist für mich untrennbar mit diesen Stunden – hochschwanger am Meer – verbunden und mit den Tagen und Wochen danach. Es heißt darin: »Über Nacht kamen die Wolken und ich hab's nicht mal gemerkt.« Es war ein bedrohliches Gewitter, das an einem warmen Sommertag ganz plötzlich aufzog. Wir saßen gerade in Strandkörben und hatten die Wolken nicht kommen sehen. Mir wurde mit einem Mal schwindelig, nur für wenige Sekunden. Ich stand deshalb auf und lief ein paar Schritte im Watt hin und her. Da entdeckte ich den schwarzen Himmel.

Eilig packten wir alles zusammen und gingen zurück in unsere Ferienwohnung.

Von diesem Moment an bewegte sich Willem nicht mehr und mir fiel mein Traum aus der vorangegangenen Nacht ein, als ich ein Baby nackt und leblos vor mir hatte liegen sehen und erschrocken eine Weile wach geblieben war. Wir warteten noch bis zum Abend auf eine Kindsbewegung, dann hielten wir es nicht mehr aus und fuhren ins Krankenhaus. Dort erfuhren wir, dass die einzige Gynäkologin der Insel eine Woche zuvor gekündigt hatte. Es gab nicht mal mehr ein Ultraschallgerät, mit dem mein Mann die Herztöne hätte prüfen können. Aber die Insel-Hebamme kam. Sie konnte zwar keine Kindsbewegung ertasten, vermutete aber, dass Willem ungewöhnlich fest schlief, und war sich sicher, über das CTG seine Herztöne zu hören. Sie schickte uns mit beruhigenden Worten nach Hause. Ich schlief kaum, hoffte von Stunde zu Stunde auf eine Bewegung unseres Kindes. Nichts. Am frühen Morgen packten wir in großer Sorge und fuhren bei Regen und Sturm mit der ersten Fähre auf das Festland, meine Schwester am Steuer. Sie war die Einzige, die noch klar denken konnte. In Oldenburg erreichten wir die nächstgelegene Klinik mit größerer geburtshilflicher Abteilung. Und wieder wurden im CTG Herztöne erkannt und wieder sollten wir nach stundenlanger Wartezeit heimgeschickt werden. Aber dieses Mal bestand ich auf einer Ultraschalluntersuchung. Ich hatte solche Angst, dass die Hebammen mein in der Aufregung noch schneller schlagendes Herz mit Willems Herz verwechselt haben könnten. Mein Mann versuchte mich zu beruhigen. Er konnte sich einfach nicht vorstellen, dass Willem wirklich tot sein könnte.

Ich wusste es, bevor es jemand aussprach: das vielsagende Schweigen der Ärztin, die ausbleibende Bewegung auf dem Ultraschallbildschirm, die hektisch herbeigerufenen Kollegen. Es waren meine Herztöne gewesen. Ich lag auf dieser Liege und wollte aus der Welt verschwinden. Jetzt wirst du verrückt, dachte ich.

Kühl und sachlich erklärten uns Ärzte und Schwestern, dass wir bitte weiterfahren mögen nach Hamburg, wo Nils und Ole zu Hause besser aufgehoben seien als in einem Oldenburger Hotel, denn die natürliche Geburt eines toten Babys könne mit etwas Pech schon mal eine Woche dauern. Eine natürliche Geburt? Ich forderte unter Tränen einen Kaiserschnitt mit Vollnarkose und zwar sofort. Auf keinen Fall wollte ich noch Tage mit Wehenschmerzen auf Willem warten.

Die Krankenschwester erklärte mir, dass man ein totes Kind nicht per Kaiserschnitt holen sollte. Die Gefahr sei zu groß, dass es durch seine schlaffe Körperhaltung nicht herausgelöst werden könne aus dem Mutterleib, ohne dass die angrenzenden Organe verletzt werden, und das sei lebensgefährlich für mich. Außerdem, dozierte sie weiter, gehen Psychologen davon aus, dass eine Mutter den Tod ihres Kindes nicht begreift, wenn sie es nicht unter Schmerzen gebärt. Es war mir so egal, was Psychologen dachten. Nicht sie, sondern ich hatte schon einmal ein totes Kind bekommen und erinnere jede quälende Minute. Das sagte ich und bestand darauf, einen Kaiserschnitt zu bekommen und in Oldenburg zu bleiben – weit weg von meiner Heimat Hamburg. Ich klammerte mich an den Gedanken, ohne Bauch zurückzukehren, so als wäre ich gar nicht schwanger gewesen. Nichts mehr hören und sehen, einfach totstellen. Aber es gab keinen Fluchtweg für mich.

Wie mein Mann den Schock und die Trauer in diesen ersten Momenten erlebt hat, das bekam ich in meinem Ausnahmezustand überhaupt nicht mit. Aber ich erinnere, dass er mich überzeugte, auch Ole zuliebe ein Krankenhaus in der Nähe unserer Wohnung zu suchen und nicht noch das Risiko eines Kaiserschnitts einzugehen. So fuhren wir schließlich mit dem reglosen Willem in meinem Bauch weiter.

In der Hamburger Uniklinik wurde noch am selben Abend mit wehenfördernden Mitteln die natürliche Geburt eingeleitet. Ständig gab es Komplikationen. »Wenn es zwei Wegabbiegungen gibt, nehmen Sie immer die schwerere«, sagte der Oberarzt drei Tage später, als ich noch immer am Tropf auf stärkere Wehen wartete. Seine ehrliche Anteilnahme und sein Mitgefühl halfen meinem Mann und mir.

Sophia und Nils waren rund um die Uhr an meinem Bett. Meine Eltern, die aus Freiburg angereist kamen, kümmerten sich bei uns zu Hause um Ole. Besorgte Freundinnen schickten Briefe, E-Mails, SMS. Meine ältere Schwester, die auf Gran Canaria lebt, versuchte mich aus der Ferne zu unterstützen und wäre am liebsten zu uns geflogen. Silke, eine Redakteurin, die ich damals nur flüchtig kannte und für die ich kurz vor Willems Tod eine Reportage geschrieben hatte – ausgerechnet über das Glück später Mütter –, schrieb mir eine E-Mail, in der sie mir ihre Unterstützung anbot. Noch wusste ich nicht, dass aus unserem Mailwechsel eine für mich ganz wichtige Freundschaft entstehen würde, die später dazu beitrug, dass ich wieder Lebensfreude und Vertrauen in mein Leben entwickeln konnte.

Es tat mir gut, mit meinem Mann und meinen Freundinnen zu kommunizieren. Ich schrieb mir meinen Schmerz in vielen E-Mails von der Seele. Und ich versuchte meine Kräfte zu mobilisieren und alles auszuhalten: die Wehen, meine Fassungslosigkeit und mein in allen Grundfesten erschüttertes Vertrauen in meinen Körper, in mein Glück und in Gott.

Tröstend empfand ich die Worte einer Krankenschwester, die sich an der Tür noch einmal umdrehte und zu mir sagte: »Ich habe schon viele Paare in dieser Situation erlebt und das einzig Gute, was ich Ihnen mitgeben kann, ist meine Überzeugung, dass Ihre Beziehung das aushält.«

Als die Wehen am vierten Tag endlich stark genug wurden, rechneten wir noch mit fünf bis sechs schmerzhaften Stunden bis zur Geburt. Die Ärzte gingen davon aus, dass sich mein Baby in letzter Minute von selber drehen würde, noch lag es quer in meinem Bauch. Aber nach einem Ultraschallcheck hieß es plötzlich, es gebe nur noch eine geringe Chance, einen Kaiserschnitt abzuwenden. Und so versuchte der Oberarzt den zarten Kinderkörper mit dem kraftvollen Druck seiner Hände eine Stunde lang zu drehen. Meine Bauchdecke wurde grün und blau. Aber es half nichts. Alles war umsonst gewesen, Willem ließ sich nicht bewegen. Ich war so erschöpft und spürte eine unglaubliche Wut auf dieses Kind, das erst gestorben war ohne irgendeinen erkennbaren medizinischen Grund und jetzt nicht mal geboren werden wollte. Mein Mann ließ mich keine Minute allein. Er begleitete mich mit beruhigenden und ermutigenden Worten in den Operationssaal. Wieder gab es Komplikationen, ich hatte massive Blutungen. Doch sie holten Willem, zeigten ihn mir kurz, ich streichelte seine Wange und noch heute erinnere ich den Duft seiner Haut. Dann wurde ich auf die Intensivstation geschoben.

Die Stunden und Tage nach der Geburt ging ich durch ein Chaos der Gefühle. Ich war erleichtert, dass Willem endlich da war, und die Anspannung meiner monatelangen Angst fiel von mir ab. Ich zählte mir immer wieder auf, was mir geblieben war: zuallererst Ole und Nils und mein Verstand, den ich gefühlt fast verloren hätte. Und schließlich meine Freunde und mein Beruf, beides wichtig für mich. Ich nahm mir fest vor, erst gar keine depressiven Gefühle und Gedanken zuzulassen, und schwor mich noch im Krankenbett darauf ein, auszuhalten und nicht zu verzweifeln.

Am zweiten Abend nach der Geburt fragte mich mein Mann, ob wir Willem noch einmal zu uns ins Zimmer holen wollen. Alles in mir sträubte sich. Ich hatte Angst, mein totes Baby noch mal bewusst zu sehen. Mein Mann hatte ihn im Kreißsaal in Empfang genommen und lange im Arm gehalten, während sie mich auf die Intensivstation brachten. Er bereitete mich vorsichtig darauf vor, dass Willems Körper unter den vier Tagen in meinem Bauch und dem gewaltsamen Drehversuch stark gelitten hatte und er nicht mehr aussah wie ein normales Neugeborenes. Er bat mich trotzdem, ihn noch einmal gemeinsam in Ruhe zu verabschieden. Dafür werde ich Nils immer dankbar sein. Ohne ihn hätte ich den Mut nicht aufgebracht.

Nils räumte das Krankenzimmer auf, zündete eine Kerze an, und dann brachte uns die Schwester unser in ein weißes Tuch gehülltes Kind in einem kleinen Körbchen. Ich näherte mich ihm langsam. Ich schaffte es nicht, ihn aus seinem Körbchen zu nehmen, ihn an mich zu drücken und zu küssen. Es tut mir bis heute weh, dass ich, seine Mutter, diese Kraft nicht aufbrachte. Es ist eine nicht heilen wollende Wunde geblieben aus dieser Stunde, auch wenn ich froh und dankbar bin, dass wir für Willem Lieder sangen und ihn in einer kleinen Zeremonie verabschiedeten.

Kaum hatte ich mich von der Operation so weit erholt, dass ich wieder sitzen konnte, entwarf ich die Todesanzeige. Das war wichtig für mich, auch weil niemand außer Nils und mir unser Kind gesehen hatte und je sehen würde. Ich brauchte eine Art Bestätigung, dass Willem mehr war als eine Hoffnung – dass er wirklich da gewesen war.

»Wir hätten alles dafür gegeben, dich behalten zu dürfen. Du hast es anders entschieden«, schrieben wir auf seine Geburts- und Todesanzeige. Mich tröstete mein Gefühl, dass Willem sich selbst – aus welchen Gründen auch immer – gegen das Leben auf der Erde entschieden hatte. Zumal wir eine medizinische Erklärung trotz der Obduktion und einer Reihe genetischer Tests, denen wir uns unterzogen, auch nachträglich nicht bekamen. Unsere einzige Chance auf einen medizinischen Befund wäre die geplante Untersuchung meiner Plazenta gewesen, die uns je nach Ergebnis vielleicht ermutigt hätte, ein paar Jahre später noch einmal eine Schwangerschaft zu riskieren. Aber die Plazenta kam im Kreißsaal abhanden. Wir erfuhren erst davon, nachdem ich tagelang in der Rechtsmedizin, der Pathologie und im Kreißsaal angerufen und nach dem Verbleib gefragt hatte. Das war sehr enttäuschend für uns und stand in starkem Widerspruch zu der mitfühlenden Betreuung der Ärzte und Schwestern. Viel tragischer aber als die verschwundene Plazenta empfand ich das nicht eingelöste Versprechen der Krankenschwestern, unser Kind nach der Geburt so zu fotografieren, dass wir eine schöne Erinnerung haben würden. Als Willem längst von uns verabschiedet worden war und der Fehler nie wieder gutzumachen, stellte sich heraus, dass eine Fotografin, die normalerweise Blutergüsse und Ähnliches dokumentiert, ganz furchtbare Schnappschüsse gemacht hatte. Ich war unendlich enttäuscht und schrieb nach meiner Entlassung einen Brief an das Krankenhaus, in dem ich zu erklären versuchte, was für eine lebenslange Bedeutung diese Unbedachtheit für uns Eltern habe. Es war wieder der mitfühlende Oberarzt, der sich in einem persönlichen Gespräch bei uns entschuldigte, und dann blieb uns nichts anderes übrig, als uns damit abzufinden.

Auch weil mir die medizinische Erklärung fehlte, beschäftigte mich in den Wochen zu Hause vor allem die Frage nach dem Sinn: Warum wollte Willem nicht leben und warum mussten wir noch mal ein Kind verlieren? Ich empfand es als so ungerecht und befürchtete, dass ich mit dem Babyglück anderer Mütter nicht mehr klarkommen würde. So zwang ich mich selbst nach meiner Entlassung aus der Klinik zu Besuchen bei Freundinnen, die mit mir schwanger gewesen waren, und versuchte mich mit aller Kraft für sie zu freuen. Aber ich überforderte mich mit meinen hohen Ansprüchen total. Ich war empfindlich geworden und wund und kam mir ganz fremd vor im eigenen Leben. So wie ein Baum, der entwurzelt auf einer Autobahn abgestellt wird und sich weiterhin vormacht, auf einer blühenden Wiese zu stehen. Ich konnte nicht mehr schreiben und es war eine Leere in meinem Leben entstanden, ohne dass jemand fehlte, der da gewesen war. In meinem tiefsten Inneren empfand ich jedes Neugeborene wie einen Schlag ins Gesicht. Und weil niemand außer meinem Mann und mir Willem gesehen hatte und ihn deshalb auch niemand wirklich vermisste oder sich ihm verbunden fühlte wie anderen gestorbenen Kindern, die zumindest eine Zeit gelebt hatten, empfanden unsere Familien und Freunde zwar Mitgefühl, aber es trauerte eben niemand um Willem. »Ich kann mir gar nicht vorstellen, wie es dir gehen muss«, hörte ich andere oft sagen. Ich wäre aber so gerne verstanden worden und gleichzeitig wussten ja nicht mal wir Eltern, um wen wir eigentlich trauern. Ich stand vor Willems Grab, schaute auf den Lavendel, die Rosen, Tulpen und kleinen Bäumchen, die wir je nach Stimmung und ohne gärtnerische Kenntnisse bunt durcheinander pflanzten, und konnte mir einfach nicht vorstellen, dass mein Sohn, den ich so ersehnt hatte, dort unter der Erde lag. Wie hätte sein Lachen geklungen und sein Weinen, wie hätte er schlafend ausgesehen, womit hätte er sich gerne beschäftigt? Mein Mann und ich waren in unserer Trauer vollkommen auf uns selbst zurückgeworfen.

Wir versteckten unsere Trauer nicht, hatten die Todesanzeige an Freunde und Verwandte geschickt und wunderten uns, dass die meisten Menschen um uns herum das Thema Willem trotzdem mieden. Sogar enge Bezugspersonen schwärmten mir schon bald wieder von dem Geruch und der Schönheit neugeborener Babys vor und das verletzte mich. Als mir eine Nachbarin, deren Tochter zeitgleich mit meinem Kind geboren war, begeistert von den ersten Löffeln Brei erzählte, dachte ich an Willem, der jetzt auch Brei essen müsste. Einmal ging ich an einem italienischen Lokal vorbei. Zwei Bekannte saßen dort am Tisch, unterhielten sich und aßen Pizza. Die eine hochschwanger, die andere die Hand am Kinderwagen, ihr Baby war gerade geboren. Dieses Bild von den beiden zufriedenen Müttern prägte sich tief in mir ein. Was für andere ein normaler Alltagsmoment gewesen wäre, kam mir vor wie eine bittere Demonstration: Man isst eine Pizza, bekommt ein Kind und isst die nächste Pizza. Schwanger zu sein und das Baby später im Arm zu halten, ist eben das Normalste der Welt. Für die anderen. Die Frauen winkten mir zu, ich winkte gequält zurück und kam mir vor, als wäre ein unsichtbarer Körperteil von mir amputiert. Sicher hatten sie längst vergessen, dass auch ich eigentlich mit Kinderwagen an ihnen vorbeilaufen müsste. Und obwohl sie mir nicht wichtig waren, traf mich ihre Vergesslichkeit. Denn es war, als hätte es Willem nie gegeben.

Als mir dann noch eine langjährige Freundin detailliert erzählte, wie belastend die Geburten ihrer gesunden Enkelkinder für die bedauernswerte Schwiegertochter gewesen waren, wurde ich wütend. Und sagte von nun an immer direkter, dass ich der falsche Ansprechpartner für solche Geschichten sei. Ich verstand einfach nicht, warum mich die anderen mit ihrem Babyglück nicht verschonten. Warum sie mich nicht wenigstens fragten, ob ich ihre Ultraschallbilder und später die Fotos der Neugeborenen überhaupt aushalten könne.

Hatte ich anfangs von mir verlangt, belastbar zu sein und mich mitzufreuen, gestand ich mir allmählich meine Empfindlichkeit zu. Aber inzwischen waren so viele Monate vergangen, dass viele Freunde und Familienmitglieder von Nils und mir erwarteten, Willems Tod endlich verkraftet zu haben. Doch vor allem meinem Mann kam es noch oft vor, als wäre Willem erst gestern gestorben. Viel öfter als ich fuhr er zum Friedhof und kam beim Bepflanzen des Grabes innerlich zur Ruhe.

Als Intensivmediziner, der regelmäßig mit dem Tod konfrontiert wird, war er enttäuscht von seinen Kollegen, die bis auf wenige Ausnahmen über seinen großen Verlust wortlos hinweggingen. Wir schlossen daraus, dass die Hemmschwelle, mit einem Mann oder Vater über seine Trauer zu sprechen, besonders groß ist. Vor allem dann, wenn das Kind im Mutterleib stirbt und Trauer noch am ehesten der Mutter zugestanden wird. Nils trauerte aber nicht weniger intensiv als ich. Er tat sich nur schwerer damit, über seinen Schmerz mit anderen Menschen zu sprechen. Lange Zeit mied er Möbelhäuser, Cafés oder Spielplätze, die typischen Treffpunkte für Schwangere und Mütter. Seine Traurigkeit und Wut ließ er vor allem beim Sport heraus. Es tat ihm gut, sich körperlich zu spüren.

Ein halbes Jahr nach Willems Tod kündigte er seine Stelle im Krankenhaus, verließ die Frühgeborenen-Abteilung und arbeitete dann drei Jahre in einem Sozialpädiatrischen Zentrum. »Ein Karriereschritt zur Seite und keiner nach oben«, kommentierte sein damaliger Chef diese Entscheidung. Und mein Mann sagte: »Es gibt Wichtigeres als die Karriereleiter.« Er wollte keine aufgelösten Mütter mehr trösten, deren Babys geringfügige Anpassungsstörungen nach der Geburt hatten, und er konnte keine Neugeborenen mehr versorgen, die so groß und schwer waren wie Willem. Ihm war wichtig, mehr Zeit mit der Familie zu verbringen, und er brauchte eine Pause vom körperlich anstrengenden Schichtsystem, ehe es ihm allmählich besser ging und er als Arzt zurückkehrte in ein anderes Krankenhaus.

Im ersten Sommer nach Willems Tod merkten wir plötzlich, dass es Ole, der inzwischen fünf Jahre alt war, nicht gut ging. Er hatte unter anderem große Verlustängste entwickelt.

Weil er von sich aus viel über Willem sprach, dachten wir lange, er verarbeite den schwer greifbaren Tod seines unsichtbaren Bruders, so gut es eben geht. Wir hatten ihn mit Selbstverständlichkeit mitgenommen zur Beerdigung und zum Friedhof und viele unserer täglichen Gespräche über unsere Trauer unbedacht in seinem Beisein geführt. Das alles war offenbar zu viel für seine kleine Seele gewesen. Denn er erfuhr bei diesen Gesprächen auch, dass es vor Willem schon einmal ein totgeborenes Kind in unserer Familie gegeben hatte und er als einziger Sohn am Leben geblieben war. Diese Erkenntnis muss ihn sehr erschreckt und unter Druck gesetzt haben. Er nannte mich auf einmal »kleine Mama«, wollte mich beschützen und reagierte panisch, wenn er spürte, dass es mir nicht gut ging. Wir vermuteten, dass er von sich erwartete, uns Eltern zu trösten und es als einziger Sohn irgendwie rauszureißen. Immer wieder sagte er: »Aber ich habe es gut gemacht, ich bin bei euch geblieben!« Schließlich suchten wir besorgt eine Kinderpsychologin auf, die uns in vielen Eltern-Gesprächen helfen konnte.

Währenddessen spürte ich, dass mein Vorsatz, ohne sichtbare Krise durch die Trauer zu kommen, nicht zu schaffen war. Anderthalb Jahre, nachdem ich mir im Krankenhaus geschworen hatte, durchzuhalten und nicht durchzudrehen, brach ich zusammen, und monatelang ging nun gar nichts mehr. Kraftlos stand ich am Grab und dachte wütend und verzweifelt: Willem, du hast alles mitgerissen wie ein wilder Fluss, du hast uns nichts gelassen. Du hast meine Kraft mitgenommen, meine Leichtigkeit und Lebensfreude, deinem Bruder geht es schlecht, unser ganzes Leben hängt schief wie ein Mobile, dem ein Teil abgerissen wurde. Und immer wird es noch schlimmer.

Aber tatsächlich war nun der Tiefpunkt erreicht. Mit meinem Zusammenbruch und mit Hilfe einer sehr klugen Therapeutin, die den ganzen verstockten Schmerz aus mir herausholte, kam die Wende. Ich konnte endlich weinen. Und dann fing ich an, mich neu zu sortieren.

Gut drei Jahre nach Willems Tod merkte ich erleichtert, dass mir fremdes Babyglück nicht mehr wehtut. So hoffte und bangte ich in der Nacht der Geburt des ersten Kindes meiner jüngeren Schwester Sophia, dass alles gut verläuft. Aber als sich dann alle erleichtert, laut und ausgelassen über meine kleine Nichte freuten, kam die beklemmende Stille nach meinem Kaiserschnitt, das Fehlen von Glückwünschen und Glücksgefühlen, wieder so massiv in mir hoch, dass ich stundenlang nicht mehr aufhören konnte zu weinen. Dabei war ich zugleich froh, dass für Sophia alles gut ausgegangen war.

Meiner langjährigen Freundin Inken bot ich kurz darauf an, die Patenschaft für ihren zweiten Sohn zu übernehmen. Wir waren gleichzeitig schwanger gewesen, aber nach Willems Tod hatte ich ihr schweren Herzens gesagt, dass ich nicht mehr in der Lage sei, Patin ihres Sohnes zu werden, obwohl wir es so besprochen hatten. Leanders Taufe wurde dann ein froher Tag für uns alle und ich bin glücklich, dass unsere Freundschaft auch dank ihres Verständnisses nie gelitten hat, auch wenn mein Kind starb und ihres lebt.

Erzählt mir heute eine Freundin, dass sie ein Kind erwartet, spüre ich kaum noch Schmerz und kann mich wieder mitfreuen. Das ist für mich eine große Erleichterung. Sehe ich in Arztpraxen ein Ultraschallgerät, laufen mir nicht mehr sofort die Tränen. Auch dass unsere Familienplanung mit Willems Tod endete und es wegen des fehlenden medizinischen Befundes keine Chance auf eine einigermaßen erfolgsversprechende weitere Schwangerschaft gibt, haben wir heute akzeptiert. Und mir ist bewusst, dass uns viele Schmerzen erspart blieben, die Eltern von älteren verstorbenen Kindern auferlegt werden.

Ich bin dankbar, dass Ole sich inzwischen nicht mehr um uns sorgt und sorgen muss und ein lebensfroher Junge ist. Manchmal möchte er von sich aus mitkommen auf den Friedhof und manchmal nicht. Beides ist okay. Für mich ist das Grab, anders als für meinen Mann, noch immer kein Ort, an dem ich Willem besonders nahe bin. Aber ich denke oft an mein mir unbekanntes Kind, das wieder zurückgekehrt ist. Und die Liebe, die eigentlich für Willem bestimmt gewesen ist, die ist noch da. In mir. Es fühlt sich an, als hätte ich heute mehr Liebe zu geben. Das ist für mich sein Vermächtnis.

Er hatte ein Recht zu gehen

Er fiel mit zwei Jahren in einen Wassertrog und wäre beinahe ertrunken. Aber Sören lebte noch elf Jahre schwerstbehindert, ehe er an einer Lungenentzündung starb. Sein Vater, Matthias Petter aus Wolfsburg, erzählt, was ihm half, den Tod seines jüngsten Kindes zu akzeptieren.

Er war zweieinhalb Jahre alt und ein auffallend hübsches Kind mit seinem weißblonden Haar. An diesem Oktobertag hatten wir ihn mit seinem großen Bruder Steffen in den Garten geschickt, weil wir über die Beerdigung meiner Schwiegermutter sprachen und unsere Eindrücke auf Kassette aufnahmen für eine Verwandte in Australien. Sören hatte immer dazwischengequakt. Plötzlich fiel uns auf, wie ruhig es draußen geworden war. Wir suchten ihn, riefen laut seinen Namen. Ich fand ihn schließlich kopfüber im Maurerbottich auf dem Grundstück meines Schwagers, der nebenan wohnt. Der Bottich war nur etwa 30 Zentimeter mit Wasser gefüllt. Das reichte aber, um aus einem fröhlich plappernden und gesunden Kind einen hilfsbedürftigen Menschen zu machen, der sich nur noch durch vage Zeichen seiner Augen und durch seinen Atem mitteilen konnte. Er war eigentlich schon tot, aber er wurde vor Ort wiederbelebt und kam ins Krankenhaus.

Dort fragte uns eine Krankenschwester, ob wir wirklich alles daransetzen wollen, damit er überlebt. Wie konnte sie das fragen? Ich schrie fast: »Gehen Sie weg, gehen Sie bloß weg!« Natürlich wollten wir alles tun, wollten ihn um jeden Preis behalten. Die Schwester ahnte aber schon, was auf uns und auf Sören zukommen würde. Wir hatten ja keine Ahnung und klammerten uns an die zuversichtlicheren Prognosen der Ärzte, dass es schon irgendwie werden würde. Auch wenn sein Gehirn und seine Lungen schwerstgeschädigt waren und seine Lebenserwartung nicht mehr hoch. Aber er war da, wir hatten ihn noch und waren unglaublich erleichtert.

Noch Jahre nach dem Unfall beschäftigte mich ein Satz, den ich in meiner wahnsinnigen Angst herausschleuderte, als der Krankenwagen gerade mit unserem kleinen Sören in die Klinik raste. »Da siehst du mal, was du angerichtet hast«, hatte ich zu Steffen gesagt, unserem 11-jährigen Sohn. Er sollte ja im Garten auf Sören aufpassen, ging aber wieder ins Haus hinein, so wie 11-Jährige einen nebenbei ausgesprochenen Auftrag gleich wieder vergessen. In den Wochen nach dem Unfall entschuldigte ich mich mehrfach bei Steffen für meine Worte, die natürlich Schaden hätten anrichten können in seiner Kinderseele. Er war ja selbst noch klein und weinte vor Schreck und Angst. Neulich fragte ich ihn, ob er sich noch an diese Worte erinnere, sie mir vielleicht auch verüble. Er sagte, sie seien schon immer präsent, aber er hege keinen Groll gegen mich, es gehe ihm gut. Ob er Schuldgefühle mit sich herumschleppt? Ich weiß es nicht und will nicht daran rühren. Aber ich kann es mir auch nicht vorstellen, denn er ist ein ausgeglichener und humorvoller junger Mann.

Niemand hat Schuld an Sörens Unfall. Wenn wir unbedingt Schuldige finden wollten, könnten wir viele Beteiligte aufzählen, auch uns selbst. Denn wir hatten ihn nach draußen geschickt. Noch jahrelang zermarterte sich meine Frau den Kopf, warum sie nicht gespürt hatte, dass ihr Kind in Not ist. Ich denke, vor allem Mütter erwarten insgeheim diesen siebten Sinn von sich, und als Sören viele Jahre später starb, war tatsächlich sie diejenige, die es als Erste fühlte. Aber auch ich könnte mir Vorwürfe machen, denn ich war am Unfalltag zuerst rufend an dem Bottich vorbeigelaufen, in dem Sören feststeckte, ehe ich ihn entdeckte. Und mein Schwager, auf dessen Grundstück das Unglück passierte, ging sicher auch durch ein Tal der Tränen. Er ist Bauingenieur und weiß, dass er den Bottich vorschriftsmäßig hätte ausspülen und umdrehen müssen. Aber konnte er ahnen, dass unser Sohn eines Tages unbeaufsichtigt auf sein Grundstück läuft, neugierig in den Bottich guckt, hineinfällt und seinen Kopf nicht mehr aus dem niedrigen Wasser drehen kann? Nein, für uns war es ein Unglück. Sören hätte genauso vor ein Auto laufen können, und das sagten wir auch zu meinem Schwager. Doch jedes Mal, wenn wir in den ersten Wochen danach, alarmiert von den Ärzten, Hals über Kopf in die Klinik fuhren, wo unser Kind lag, schaute er uns schweigend nach und wir konnten ihm seine Angst um Sören ansehen. Den Bottich zerhackte er mit der Axt zu Kleinholz.

Wie eine lebendige Puppe, die auch die Arme nicht mehr selbstständig heben konnte, lag Sören all die Jahre nach seiner Entlassung aus der Klinik auf unserem Sofa im Wohnzimmer, ganz oft in den Armen meiner Frau. Angeblich war er auch erblindet, aber wir hofften und glaubten bis zum Schluss, dass er noch irgendetwas erkennen konnte. Ein Spezialist, der ihn Jahre später untersuchte, bestätigte uns in diesem Gefühl.

Der 12. Oktober 1994 war für mich jahrelang ein furchtbarer Trauertag. Ich war unendlich wütend auf Gott. Immer wieder quälte ich mich mit dem Gedanken, wie schön alles hätte sein können ohne den Unfall. Warum musste ausgerechnet uns so etwas Furchtbares passieren? Was sollte das? Aber nach etwa einem halben Jahr merkte ich, dass mich dieses Gedankenkarussell zu viel Kraft kostet. Und meine Frau sagte zu mir: »Wir müssen das anders sehen. An diesem Tag ist Sören das zweite Mal geboren.« Damit hat sie mir sehr geholfen. Ich konnte aufhören mit Gott zu schimpfen. Und ich brauchte ja auch meine gesamte Kraft, um dem neuen Sören gerecht zu werden. Täglich mussten wir etwas Neues lernen. Wie wir die Anzeichen einer drohenden Lungenentzündung frühzeitig erkennen. Wie er Schmerzen zeigt und seine Gefühle ausdrückt, zum Beispiel indem er hohes Fieber bekam, wenn er etwas gar nicht wollte. Wie wir ihm aus der Trachealkanüle, die in seinem Hals steckte, den Schleim absaugten oder ihn so lagerten, dass er keine Druckstellen bekam. Wir stellten sein Bett wieder in unser Schlafzimmer, und oft musste einer von uns nachts aufstehen, um ihn abzusaugen. Wir arbeiteten Hand in Hand, ohne viele Worte, und wurden zu einem perfekten Pflegeteam. Ich hätte nie von mir gedacht, dass ich das alles schaffen kann.

Immer, wenn Sören wieder mit einer lebensbedrohlichen Lungenentzündung in die Klinik kam, beteten wir: »Lass ihn uns noch, bitte, nimm ihn uns jetzt noch nicht!« Wie oft haben wir diese Worte in den elf Jahren wohl gedacht und gesagt.

Ich bin überzeugt, dass Sören bei uns blieb, weil wir ihn so sehr brauchten. Wir konnten ihn einfach nicht gehen lassen. Uns zuliebe hat er noch einmal verlängert, so sehe ich das. Sören selbst war gefangen in seiner Hülle. Manchmal liefen ihm die Tränen herunter vor Schmerzen wegen seiner schlimmen Skoliose. Mindestens drei Lungenentzündungen im Jahr machten wir zusammen durch.

Auch wenn er keine Mimik mehr zeigen und seine Gefühle nicht so einfach vermitteln konnte, glaube ich, dass er glücklich war, wenn wir ganz für ihn da waren mit all unserer Liebe und Fürsorge. Wenn wir ihn umhüllten, schützend, körperlich und emotional.

Ein halbes Jahr nach seiner Entlassung aus der Klinik ließen wir ihn taufen. Mein Schwager, der uns auch später nie im Stich ließ, wurde Pate und kümmerte sich zusammen mit seiner Frau liebevoll um Sören und unsere Familie. Wir wuchsen noch enger zusammen und wohnen bis heute Tür an Tür.

In der Nacht auf den 21. Dezember 2005, Sören war mittlerweile 13 Jahre alt, legte sich meine Frau neben ihn in sein Therapiebett, weil er eiskalte Füße hatte. Sie wollte ihn wärmen. Den nächsten Tag über ging es ihm schlecht. Schon wieder eine Lungenentzündung. Seine Sättigung fiel, aber dieses Mal konnte sein Blut kaum noch Sauerstoff annehmen. Sonst krampfte er in diesen kritischen Momenten. Aber an diesem Tag war alles anders. Sören blieb ungewöhnlich ruhig und kraftlos. Meine Frau sagte leise zu mir: »Weißt du, ich glaube, er möchte nicht mehr.« Aber ich wollte davon nichts wissen. Erst nach Stunden konnte ich einsehen, dass sie recht hatte. Wir riefen unsere drei erwachsenen Kinder an, und auch der Arzt kam. Er schaute sich Sören an, und dann bestätigte er, was wir schon wussten: dass Sören gehen will. Er lag friedlich in den Armen meiner Frau, die Familie saß schweigend drumherum. Es war fast unheimlich still. Irgendwann sagte ich unter Tränen zu meinem Sohn: »Wenn du gehen möchtest, dann kannst du gehen!« Erstmals konnte ich so empfinden, erstmals in den elf Jahren. Das macht mich heute noch stolz und tröstet mich in den Stunden und Tagen, wenn mich meine Trauer überkommt. Von einem Therapeuten hatte ich einmal gehört, dass es einem sterbenden Kind hilft, wenn seine Eltern diese Worte aussprechen. Aber vor diesem Abend war es mir nie möglich gewesen, auch so zu fühlen. Jahrelang hatte ich geklammert.

Als meine Frau die Stille nicht mehr ertrug, stellte sie Sörens Lieblingsmusik an, das Kindermusical *Der kleine Tag* von Wolfram Eicke über einen personifizierten Tag, der viele schöne Dinge erlebt und sich dann von der Welt verabschiedet. »Mich ruft mein

Stern, ich muss jetzt gehen«, heißt es in einem Lied. Während wir dieses Lied hörten, schaute Sören uns alle noch einmal an, und dann schlief er ein. Friedlich und anscheinend ohne Schmerzen. Und wir konnten loslassen. Für unseren Sören war es bestimmt eine Befreiung und er hatte ja auch ein Recht zu gehen.

Wäre er elf Jahre zuvor noch an dem Unfalltag gestorben, es wäre so viel grausamer für uns gewesen und schwerer zu akzeptieren. Es gibt ein Foto, wie wir an seinem letzten Abend mit ihm im Wohnzimmer sitzen. Meine Frau hat es mir zuliebe weggestellt, denn ich will die schönen Bilder in meinem Herzen nicht durch irgendein Detail auf dem Bild, das ich vielleicht anders erinnere, korrigieren müssen. Für mich ist die Friedlichkeit dieses Abends, an dem unsere ganze Familie, also auch unsere großen Kinder, unseren Jüngsten begleitete, bis heute sehr wichtig.

Wir legten Sören nach einiger Zeit auf seine Therapieliege und setzten uns in die Küche, weinten und sprachen über ihn. Jeder konnte noch einmal alleine zu ihm hingehen, ihn streicheln und sich in Ruhe verabschieden. Zuerst aber befreite ihn der Arzt von der Kanüle, diesem blöden Ding in seinem Hals, das ihm das Atmen ermöglicht hatte, aber auch verhinderte, dass wir seine Stimme je wieder hörten. Das war für mich immer bitter gewesen.

Meine Frau wusch ihn abends und zog ihm die Kleidungsstücke an, die er drei Tage später zu Weihnachten bekommen hätte. Und dann fiel der ganze Druck von uns ab. Und die ständige Angst, die wir jahrelang um ihn gehabt hatten.

Während der Bestatter am nächsten Tag kam und ihn abholte, fuhren meine Frau und ich mit dem Auto ziellos durch die Gegend. Wir wollten nicht mitansehen, wie sie ihn mitnahmen. Irgendwann landeten wir auf einem Markt in einer Kleinstadt und gingen an den Obst- und Gemüseständen vorbei. Da sagte meine Frau einen sehr wahren Satz: »Sören hat uns unsere Freiheit wiedergegeben.« Schon Jahre zuvor hatte eine Krankenhauspsychologin zu uns gesagt, dass Sören der kleine Despot unserer Familie sei und unser komplettes Leben bestimme, obwohl wir doch vier Kinder haben. Ich war wütend geworden. Wie konnte sie so etwas sagen? Wir waren so froh, ihn zu haben. Aber meine Frau nickte damals bestätigend, denn es stimmte natürlich. Unsere drei großen Kinder mussten alleine durch die Pubertät kommen, und zu Sörens Lebzeiten warfen sie uns schon auch vor, dass wir ihnen als sich kümmernde und präsente Eltern fehlten. Wir hatten ständig ein schlechtes Gewissen und doch keine andere Option, als immer wieder auszudrücken, wie leid uns das tat.

Sofort nach seinem Tod wollte ich seinen blöden Rollstuhl loswerden, ein Folterwerkzeug für Sören, der immer Schmerzen hatte, wenn er nicht liegen durfte. Die Krankenkasse ließ sich aber viel zu lange Zeit, den Stuhl und die anderen begehrten Therapiegeräte abzuholen und an wartende Eltern weiterzugeben. Damit wir nicht auf die leere Therapieliege, das Bett und den Rollstuhl gucken mussten, schaffte ich das ganze Zeug in die Garage, wo es noch wochenlang herumstand.

Zu Sörens Beerdigung kamen so viele Leute aus unserem Dorf, dass sein Lehrer sagte: »Es ist doch erstaunlich, welche Spuren dieser kleine Mensch in seinem kurzen Leben hinterlassen hat.« Diese Worte und die unglaubliche Anteilnahme trösteten uns sehr.

In den folgenden Wochen fingen uns unsere Freunde auf, indem sie sich weiterhin für das interessierten, was wir von Sören erzählten. Weil sich schon nach dem Unfall gezeigt hatte, wer unsere echten Freunde sind, blieben uns nach seinem Tod die großen menschlichen Enttäuschungen erspart. Eher im Gegenteil: In den elf Jahren seiner Pflege gewannen wir viele beeindruckende Menschen dazu, darunter seine Krankenschwestern, Therapeuten und viele Eltern von anderen behinderten Kindern. Sie alle begleiten uns bis heute. Die wenigen, die mit unserem

Schicksal nichts anfangen konnten, erkannten wir schon daran, dass sie zu Sörens Lebzeiten mit übertriebener Leidensmiene um ihn herumschlichen, aber sofort das Thema wechselten, wenn wir in den Wochen nach seinem Tod von ihm erzählen wollten.

Wenn meine Sehnsucht nach Sören unerträglich groß wurde, roch ich an seinen Kleidern. Ich war entsetzt und traurig, als sie eines Tages ihren Geruch verloren hatten. Meine Frau, die ihn rund um die Uhr betreut und betüddelt hatte, litt vor allem darunter, ihn nicht mehr berühren, ihm nichts Gutes mehr tun zu können.

Jahrelang hatten sich unsere Gedanken um die Frage gedreht, wie es Sören geht, ob er Schmerzen hat, was er fühlen könnte. Nun war der Mensch, der uns so eng aneinander gebunden hatte, nicht mehr da, und wir wussten nicht so recht, was wir mit unserer ungewohnten Freiheit und vor allem auch miteinander anfangen sollten. So schlitterten wir nach seinem Tod in die größte Krise unserer heute 35-jährigen Ehe. Nicht, weil wir unterschiedlich getrauert hätten, sondern weil wir verlernt hatten, uns füreinander zu interessieren, als Paar schöne Dinge miteinander zu erleben und nicht nur als Krisenteam zu funktionieren. Wir kamen uns vor wie zwei Leistungssportler, die am Ende ihrer Karriere keine Aufgabe mehr haben. Ständig gab es Streit, und unsere Kinder befürchteten schon, dass nun die nächste große Trennung anstand, die Trennung ihrer Eltern. Weit entfernt davon waren wir nicht. Die Trauer machte uns dünnhäutig und verletzbar. Schließlich gingen wir mit unseren Kindern zu einer Familientherapeutin, um das Ungleichgewicht aufzuarbeiten, das bei uns zu Hause durch Sörens Fehlen entstanden war. Und auch, um unser schlechtes Gewissen unseren großen Kindern gegenüber in den Griff zu kriegen, die wir jahrelang gezwungenermaßen vernachlässigt hatten. Aber die Therapeutin stellte die falschen Fragen, sie erkannte unser Kernproblem nicht und half uns nicht weiter. Wir merkten zum Glück selbst, dass wir uns wie bockige Kinder benahmen, wie große Egoisten, und ausgerechnet in einer Phase, in der wir gemeinsam die Aufgabe unseres Lebens bewältigt hatten. Unserer Beziehung halfen jetzt nicht unbedingt bewusst organisierte Abende zu zweit im Lokal oder Kino. Nein, uns rettete die Einsicht, dass wir uns immer blind aufeinander verlassen konnten und dass unsere Liebe nicht einfach verschwunden war. Wir mussten nur lernen, uns wieder zuzuhören und aufmerksamer miteinander umzugehen. Ich brachte meiner Frau nun derart oft Blumen mit, dass sie irgendwann sagte: »Nun hör mal auf, du musst doch nicht ständig Blumen kaufen!« Wichtiger für sie war, dass ich ihre Einsamkeit ohne Sören erkannte. Denn während ich beruflich bald wieder stark eingespannt war und von den Kollegen viel Anerkennung und Trost zugesprochen bekam, saß meine Frau auf einmal alleine zu Hause herum. Ihr fehlte eine sinnvolle Aufgabe. Ein Jahr lang verkaufte sie Wohnaccessoires im Geschäft ihrer Cousine, einfach um beschäftigt zu sein. Aber das erfüllte sie nicht. Dann erfuhr sie von der Gründung des Familienentlastenden Dienstes (FED), der Eltern in Krisenzeiten mit Betreuungsangeboten unterstützt, und bot ihre Hilfe für schwerstbehinderte Kinder an. Von da an betreute sie entweder bei uns zu Hause oder in einer heilpädagogischen Kita oder Schule ein schwerstbehindertes Kind. Es umgibt sie eine besondere Aura bei dieser Arbeit. Auch Ärzte und Therapeuten schwärmen von der heilsamen Ruhe, die sie ausstrahlt und auf die Kinder überträgt. Und irgendwie, ich weiß nicht wie, kann sie mit ihnen kommunizieren auch ohne Worte. Sören ist für sie in diesen Momenten immer dabei. Durch ihn kam ihre Gabe ja auch erst zum Vorschein, und über die Pflege dieser schwerkranken Kinder hält sie Kontakt zu seinen ehemaligen Therapeuten. Das tut ihr gut. So kann sie über Sören sprechen und hält die Erinnerung an ihn wach.

An mir haben die Jahre mit Sören trotz all der Liebe, die ich empfunden habe und immer noch für ihn empfinde, körperlich und seelisch gezehrt. Ich kann und will das Leid eines kranken Kindes nicht mehr aushalten. Für mich wäre die Arbeit meiner Frau nicht wohltuend, sondern belastend.

Mir tut etwas anderes gut: das Gespräch mit Sören. Sein Grab ist, lapidar gesagt, eine Art Telefonzelle für mich geworden, eine direkte Verbindung nach oben. Ich bedanke mich dort, aber auch zu Hause bei ihm, wenn etwas Schönes passiert ist, und bitte ihn auch mal, sich für mich und die Familie einzusetzen. Sören gibt mir Kraft, durchzuhalten in schwierigen Zeiten, und ich stelle mir vor, dass er wie ein Schutzengel über uns wacht und beteiligt ist, wenn sich Probleme wieder lösen.

Einmal nahm ich meinen 7-jährigen Enkel mit auf den Friedhof, begrüßte Sören wie gewohnt und bemerkte seine verwunderten Blicke. Wie erklärt man einem Kind, dass ein totes Kind im Himmel weiterlebt? »Hat er noch Arme und Beine?«, fragte mich mein Enkel. »Und was von ihm ist denn noch da oben?« Ich sagte: »Seine Seele, also das Innerste, das ist noch da.« Und dann erklärte ich ihm, wie ich mir die Seele vorstelle. »Wenn du deine Mama siehst und dich so richtig freust, ist das ein Teil deiner Seele, so wie das, was du spürst, wenn du traurig bist. Diese Gefühle bleiben, auch wenn jemand stirbt. Und Sören ist dort hinter den Wolken!« Damit konnte mein Enkel etwas anfangen.

Im ersten Trauerjahr hatte ich das große Bedürfnis, mich mit anderen verwaisten Eltern auszutauschen, und meldete uns trotz der Skepsis meiner Frau bei einem Trauerseminar an. Dass ich der einzige Mann in unserer Gruppe war, störte mich nicht. Endlich war ich unter Gleichen. Niemand bekam glasige Augen, wenn ich von Sörens friedlichem Sterben erzählte, und die Trauerbegleiterin bestärkte mich darin, meine Gefühle weiterhin rauszulassen. Weinen, wenn einem nach weinen ist, und schreien, wenn einem nach schreien ist, so sagte sie es und so machten wir es auch zu Hause. Sie ermutigte uns, unsere erwachsenen Kinder nicht zu vergessen, auch jetzt nicht. Mich berührten in diesem Seminar vor allem die Tränen einer alleinerziehenden Mutter, der es so viel schlechter ging als mir. Und ich nahm ihre Verlorenheit auch als Mahnung, den Wert meiner Ehe weiterhin zu schätzen. Anders als sie habe ich jemanden an meiner Seite, der immer für mich da ist und mir hilft, wenn ich traurig bin. Ich musste nie alleine durch den Schmerz.

Dass wir schon zu Sörens Lebzeiten sehr viel getrauert hatten, dass mir abends beim Sondieren oft die Tränen liefen, das war bestimmt schon eine Art Vorbereitung auf die Zeit nach seinem Tod. Wir waren über viele Jahre darauf vorbereitet, dass er sterben würde, und als es dann passierte, hatte ich das Gefühl, dass nichts wirklich endgültig ist. Nicht mal der Tod. Wenn ich heute Sörens Geschichte erzähle, ist er bei uns. Es geht immer weiter.

Ja, meine Beziehung zum Tod hat sich stark verändert. Als mein bester Freund, der wie ein Bruder für mich war, drei Jahre später unheilbar erkrankte, war mein Reservoir an Angst durch Sören aufgebraucht. Ich sah den Tod viel versöhnlicher. So konnte ich meinen Freund durch alle Phasen seiner Krankheit begleiten und war auch die letzten Stunden bei ihm. Ich saß an seinem Bett, tröstete und streichelte ihn.

Zwei Jahre lang fehlte uns ein Grabstein für Sören, weil wir uns nicht einig waren, wie der aussehen sollte. Unsere jüngste Tochter Marie wünschte sich ein Kreuz. Meine Frau hätte lieber eine Säule gehabt, in die man Blumen und Kerzen hineinstellen kann. Am Ende entdeckte unsere älteste Tochter Sandra eher zufällig bei einem Landschaftsgärtner einen großen Stein, der jahrelang auf einem Feld gelegen hatte, mit der vielsagenden Form einer Auster. Wir wussten sofort, dass das der richtige war, und ließen Sörens Namen eingravieren und einen großen Schmetterling. Auf ein Datum verzichteten wir. Für welchen Tag seines Sterbens hätten wir uns auch entscheiden sollen?

Sören ist mittlerweile zehn Jahre tot. Er wird mir fehlen, solange ich atme. Aber es macht mich froh zu wissen, dass wir alles gegeben haben, um sein Leben so lebenswert wie irgendwie möglich zu machen. Und wenn wir an den Wochenenden Besuch bekommen von unseren erwachsenen Kindern und die Sprache auf Sören kommt und all die Entbehrungen, die sie durch ihren kleinen Bruder hinnehmen mussten, dann sagen sie: »Hör auf, Papa, wir haben so tolle Eltern, ihr habt es so gut gemacht, wie es ging, es ist wirklich alles in Ordnung.« Das macht mich jedes Mal wieder glücklich.

Protokoll: Silia Wiebe

Trauernde fühlen sich hautlos

Verena Kast kennt Trauer aus eigenem Erleben. Schon in frühen Jahren verlor sie Menschen, die ihr sehr wichtig waren – darunter ihren Partner und eine enge Freundin. Die beiden kleinen Kinder dieser Freundin nahm Verena Kast zu sich und zog sie wie ihre eigenen auf. Später habilitierte sie zum Thema Trauer und beschrieb als erste Wissenschaftlerin die typischen Trauerphasen. Obwohl Trauer sehr individuell empfunden wird, durchläuft jeder, der einen geliebten Menschen verliert, diese vier Phasen, sagt die Psychologie-Professorin. Die international anerkannte Trauerexpertin lehrte an der Universität Zürich. Ihr Schwerpunkt war und ist die Psychologie der Gefühle. Sie hat viele Bücher geschrieben, einige wurden zu Bestsellern. Noch heute ist die 73-Jährige aktiv, unter anderem an der Universität St. Gallen und als Ehrenpräsidentin der Internationalen Gesellschaft für Tiefenpsychologie. Verena Kast lebt in der Schweiz und ist Großmutter von drei Enkelkindern.

Sie sagen: Eigentlich gibt es keinen Trost in der Trauer. Was hilft denn dann?
Ich denke, das Dasein für den Trauernden, das Dabeibleiben – das ist der eigentliche Trost. Wenn andere die Gefühle der Trau-

ernden und ihre Geschichten aushalten. Und zwar über einen längeren Zeitraum hinweg, immer mal wieder. Statt zu denken: »Das habe ich schon hundertmal gehört«, lieber nachfragen: »Kannst du die Geschichte auch noch anders erzählen?«, sodass die Geschichten immer neu emotional erzählt werden können. Am Anfang hören die Menschen zu und sind gern für den Trauernden da. Doch viele verlieren ziemlich bald die Geduld. Es ist ja auch mühsam. Aber Freunde und Angehörige sollten sich sagen: So ist Trauer. Ich bleibe. Dieser Mensch muss sich schließlich 24 Stunden am Tag aushalten, und ich ihn vielleicht nur eine oder zwei. Außer dieser persönlichen Anteilnahme ist alles tröstlich, was heil ist, was die Sinne anregt, was Freude macht. Ich persönlich empfinde beispielsweise die Natur mit ihren Jahreszeiten immer als sehr tröstend.

Und was hilft Trauernden gar nicht?
Leute, die genau wissen, was man zu tun und was man zu lassen hat. Es gibt ja solche Menschen, die meinen, sie wüssten immer, was richtig ist. Furchtbar. Und ich fürchte Trittbrettfahrer. Trauer ist emotional etwas Großes. Und es gibt Menschen, die sind emotional wenig lebendig und wollen an diesem Großen teilhaben. Deshalb sollte man nicht nur einfach empfehlen: Kümmert euch. Sondern auch sagen: Nähert euch den Trauernden – aber selbstlos.

Sie haben einmal gesagt, in der Trauer findet man zu sich selbst. Gilt das auch bei so einem schmerzhaften Verlust wie dem Tod eines Kindes?
Ja, unbedingt. Ich würde sogar sagen: erst recht. Denn die Frage ist doch: Was trägt mich, wenn nichts mehr trägt? Man lebt ja weiter, obwohl man eigentlich sterben möchte. Und man fragt sich: Was habe ich, was kann mir helfen? Wenn wir trauern, müssen wir uns von dem Beziehungsselbst, das uns mit unse-

rem Kind verbunden und sich entwickelt hat, wieder auf uns selbst zurückorganisieren. Wir fragen uns: Wer bin ich ohne dich? Durch die Erinnerung an das, was das Kind in uns geweckt hat – und jedes Kind holt ja etwas anderes aus uns heraus –, lebt es in unserem Leben und in unserer Psyche weiter. Verluste sind grundsätzlich Erlebnisse, die uns deutlich verändern.

Die Eltern, die ihre Geschichte in diesem Buch erzählen, berichten von sehr unterschiedlichen Erfahrungen mit der Trauer. Eine Mutter sagte, nach dem Tod ihres Sohnes habe sie sich zuerst monatelang wie unter einer Käseglocke gefühlt, dann wurde sie unglaublich wütend. Wie passt Wut zur Trauer?

Wut gehört häufig zur Trauer dazu. Denn wenn jemand gestorben ist, empfinden wir oft das Gleiche, wie wenn wir verlassen werden. Und auf das Verlassen-Werden reagieren wir meistens mit Wut. Diese Wut hat normalerweise den Sinn, zu signalisieren: Das geht über meine Grenzen, verletzt mich, das machst du nicht noch einmal. Wenn jemand gestorben ist, nützt diese Wut natürlich nichts mehr, das heißt, sie ist dysfunktional, irrational. Trotzdem empfinden wir sie. Und das ist in Ordnung. Denn Wut in der Trauer hat auch einen Vorteil: Wut beschleunigt uns. Sie energetisiert. Wut bringt uns vorwärts und heißt: Ich will etwas ändern. Ich habe noch keinen Trauerprozess erlebt, in dem nicht irgendwann Wut hochkam.

Sie haben herausgefunden, dass der Trauerprozess in bestimmten Phasen verläuft. Welche sind das, was kennzeichnet sie – und wohin gehört die Wut?

Trauer ist eine große Lebenskrise. Deshalb ähneln die Trauerphasen den Phasen, die wir grundsätzlich durchmachen, wenn wir uns in einer Krise befinden. Zuerst ist da der Schock, die Phase des Nicht-wahrhaben-Wollens. Dann kommt die Phase der aufbrechenden Emotionen, in der die Trauernden sich in einem Chaos der Gefühle befinden – und in diese Phase gehört auch die Wut. Danach kommt eine Zeit des Suchens und Sich-Trennens, mit Erinnerungsarbeit und intensiven inneren Auseinandersetzungen mit dem Verstorbenen. Und am Ende steht die Phase des neuen Selbst- und Weltbezugs, in der es den Trauernden wieder gelingt, das eigene Leben zu gestalten, ohne dass der Verstorbene vergessen wird.

Kann man diesen Prozess irgendwie abkürzen?
Von Abkürzen halte ich gar nichts. Ich glaube auch nicht, dass es geht. Meine Erfahrung ist: Immer, wenn man das versucht, dauert es besonders lange. Ich bin überzeugt, Menschen brauchen einfach die Zeit, die für sie passt, um wieder ins Leben zurückzufinden.

Sind diese Phasen denn bei jedem etwa gleich lang?
Nein, wir sind sehr verschieden, und deshalb sind auch die Trauerphasen unterschiedlich ausgeprägt. Wobei Phase vielleicht der falsche Ausdruck ist. Ich meine damit nicht, dass etwas abgeschlossen ist und dann nie wiederkommt. Im Trauerprozess macht man immer mal wieder einen Rückgriff. Aber insgesamt ist eine Entwicklung zu erkennen. Und es ist ein Unterschied spürbar, ob ich von der Erinnerungsarbeit noch mal in die Phase der aufbrechenden Gefühle zurückgehe, oder ob ich aus der Trauerstarre erwache und zum ersten Mal diese Emotionen erlebe. Doch obwohl jeder diese Phasen unterschiedlich durchläuft, habe ich festgestellt, dass nach etwa neun Monaten alle Menschen in Phase drei sind. Das heißt, sie intensivieren die Erinnerungsarbeit und merken jetzt, dass sie den Verstorbenen wirklich verloren haben. Dieses zerrissene Gefühl, das von Anfang an da ist – das wird in dieser Zeit bewusst erlebt. Die Hinterbliebenen verstehen erst jetzt auch emotional: Er oder sie kommt wirklich nie wieder. Doch ausgerechnet zu diesem Zeit-

punkt haben Freunde und Angehörige das Gefühl: Nun soll es aber langsam mal besser werden. Das läuft richtig gegeneinander. Viele Trauernde erzählen, dass sie diesen Druck spüren, und zwar ausgerechnet dann, wenn sie überhaupt erst realisieren, was passiert ist, und besonders dringend Zuwendung bräuchten.

Viele sagen zu Trauernden: »Melde dich, wenn du mich brauchst.« Doch genau dazu sind Trauernde oft nicht in der Lage. Was können Freunde oder Angehörige konkret tun?

Helfen kann man Trauernden am ehesten, indem man ihnen Angebote für Aktionen macht, bei denen sie sich lebendig fühlen können. Wenn man zum Beispiel weiß, der Trauernde geht gern in die Berge, kann man den Vorschlag machen, gemeinsam zu wandern. Oder man ist sogar noch ein bisschen trickreich und sagt: »Ich würde so gern mal wieder in die Berge gehen, aber ich habe niemanden, der mich begleitet, kommst du mit?« Wichtig ist gleichzeitig, immer deutlich zu machen: Fühl dich bitte ganz frei. Du kannst das Angebot annehmen oder auch nicht – beides ist in Ordnung. Ich finde sowieso, der Umgang mit dem Trauernden sollte nicht so gestelzt sein. Schön ist es beispielsweise auch, wenn man einfach mal anruft und sagt: »Komm doch heute Abend zum Grillen vorbei, wir haben viel zu viel Fleisch. Und vielleicht kannst du auch noch einen Salat mitbringen, ihr habt doch bestimmt noch welchen im Garten.« Einfach normal und spontan. Ich glaube, das ist das, was Trauernden am meisten hilft.

Nun sind Trauernde oft sehr empfindlich – und fordern gleichzeitig ganz viel Toleranz. Das passt ja eigentlich nicht zusammen. Warum ist das so?

Trauernde fühlen sich hautlos. Sie werden in einen Veränderungsprozess hineingeworfen, in einen Ausnahmezustand, wie eine Schlange, die sich häuten muss. Darum sind sie auch sehr selbstzentriert. Das dürfen sie aber auch sein – schließlich müssen sie sich auf ihr Überleben konzentrieren und sich wandeln. Deshalb wirken Trauernde oft ansprüchlich und eben auch ein Stück weit egoistisch. Aber irgendwann haben sie sich neu im Leben eingerichtet und können sich auch wieder auf andere und anderes konzentrieren.

Wie lang dauert das? Gilt noch immer das Trauerjahr?
Es kommt darauf an, wen man verloren hat. Wenn die sehr alten Eltern gestorben sind, braucht man wahrscheinlich nicht einmal mehr ein ganzes Jahr. Aber wenn man sein Kind verloren hat – dann ist ein Jahr gar nichts. Dann braucht man mehr. Denn mit Kindern verbinden wir ja unsere Zukunft. Und wenn unser Kind stirbt, müssen wir diese Zukunft opfern. Das gilt auch, wenn ein Kind bei der Geburt stirbt oder noch im Mutterleib. Das ist dann eine andere Art von Trauer, weil man das Kind noch nie erlebt hat und nicht weiß, um wen man eigentlich trauert. Aber auch diese Art von Trauer ist schwer, auch mit diesem Kind waren ganz viele Zukunftsideen verbunden. Viele denken: Es war doch noch gar nicht da. Aber es war da, im Mutterleib und in der Vorstellung.

Wie zeigt sich, dass der Trauerprozess beendet ist? Oder ist er eigentlich nie wirklich zu Ende?
Der Trauerprozess ist nicht von einem auf den anderen Tag beendet. Man merkt, dass er allmählich zu Ende geht, wenn man zum Beispiel wieder mehr in die Welt hineingeht, wieder den eigenen Interessen nachgeht, wieder mehr Freude empfindet. Doch dass man von Zeit zu Zeit an den Verstorbenen denkt, das bleibt. Ich glaube, ein untrügliches Zeichen ist das Aufkommen dieser dankbaren Wehmut. Der Verlust löst dann nicht mehr diesen tiefen Schmerz aus, sondern eben Wehmut und Dankbarkeit.

Und wie erkennt man, ob es noch Trauer ist oder schon eine Depression? Gibt es da eine klare Unterscheidung, eine eindeutige Symptomatik?
Ja, es gibt einen klaren Unterschied. Trauer ist etwas Lebendiges. In der Trauer haben wir viele verschiedene Gefühle, die wir auch zum Ausdruck bringen. In der Depression hingegen sind wir vor allem herabgestimmt und sagen oft etwas wie: »Alles ist mies, alles ist kaputt.« Trauernde weinen immer mal wieder, Depressive nicht, sie klagen. Antriebsschwierigkeiten kommen gelegentlich auch in der Trauer vor, aber im Gegensatz zur Depression nur punktuell. Mitmenschen spüren übrigens auch den Unterschied, sie reagieren auf Trauer anders als auf Depression: Wenn jemand trauert, möchte man ihn trösten, anfassen, in den Arm nehmen – bei Depressiven kommt dieses Bedürfnis nicht auf. Und es gibt noch einen deutlichen Unterschied: Depressive haben weniger Träume.

Dabei sind Träume ein Schlüssel und enorm wichtig für den Trauerprozess, sagen Sie.
Genau. Träume können trösten und wecken. Das habe ich zunächst bei mir selbst festgestellt. Mir haben Träume in meinen Trauerprozessen extrem geholfen. Wobei ich auch eine sehr gute Träumerin bin und mich an viele Träume erinnern kann. Als ich dann anfing, als Psychologin zu arbeiten, habe ich andere Menschen, die sich in Trauerprozessen befanden, nach ihren Träumen gefragt. Auf diese Weise habe ich viele Träume gesammelt und konnte feststellen, dass sehr viele Anregungen aus Träumen kommen.

Eltern wünschen sich, von ihrem verstorbenen Kind zu träumen. Aber manchmal passiert das nicht. Warum nicht? Kann man das beeinflussen?

Wir wissen ja, dass alle Menschen träumen. Es hat sich aber herausgestellt, dass sich nur etwa 70 Prozent der Menschen, die sich in einem Trauerprozess befinden, an ihre Träume erinnern, 30 Prozent leider nicht. Für diese 30 Prozent ist das wirklich hart, eben weil man weiß, wie schön es ist, wenn man im Traum den Verstorbenen wiedertrifft. Natürlich kann man sich abends wünschen, von seinem Kind zu träumen, aber ob das gelingt – da bin ich sehr skeptisch. Denn die Eltern denken ja vermutlich ohnehin dauernd an ihr Kind. Das heißt: In ihrer Vorstellung ist es da. Und diese Vorstellungswelt, die sollten wir mehr wertschätzen. Für mich ist das ohnehin ein Kontinuum: Traum – Vorstellung – und Wachwelt. Wenn wir mit unserer Erinnerung zum Beispiel noch einmal zurückgehen zu einem schönen Erlebnis und jemandem davon erzählen, holen wir den Verstorbenen emotional wieder in uns zurück, ähnlich wie mit einem Traum.

Das heißt, wir sollten mehr von dem Verstorbenen erzählen, wenn wir von ihm träumen möchten?
Ja, ich würde viel Erinnerungsarbeit anregen, wenn jemand darunter leidet, dass keine Träume kommen. Wichtig ist, dass wir unsere Gefühle dabei spüren und in unserer Vorstellung uns auf wichtige Situationen mit dem verstorbenen Menschen konzentrieren. Wenn wir von den Verstorbenen sprechen, sollten wir nicht nur Informationen weitergeben, sondern wirklich fühlen, welche Emotionen und Vorstellungen ausgelöst werden, und das beschreiben. »Karl liebte Tiere so sehr« – das wäre die Information. Der Vater kann aber auch erzählen: »Wenn ich mit Karl auf der Alp war, dann raste er zu den kleinen Schweinen – schaute immer, ob ich auch da war – rief ein übers andere Mal aus, wie schön die seien – so lange, bis ich auch die Schönheit sah und nicht nur den Gestank spürte. Das werde ich nie vergessen. Irgendwie hat er mir das Wichtige in der Natur gezeigt.« Sobald wir auf diese Weise erzählen, sind wir lebendig, und wir

stellen Verbindungen zum aktuellen Leben her, und diese Verbindungen geben dem Leben auch eine Richtung. Für diesen Vater war es immer wieder eine Beziehung zu den Tieren und zur Natur, die ihn mit seinem verstorbenen Kind verband, die ihm aber auch eine neue Lebensqualität brachte. Beschäftigen wir uns oft mit inneren Vorstellungen, kann dadurch auch das Traumleben angeregt werden.

Häufig träumen Eltern auch, dass das verstorbene Kind sagt: »Es ist gut so, wie es jetzt ist.«
Ja, es ist sehr interessant mit den Träumen von Verstorbenen. Sie sind im Traum oft wieder gesund und fröhlich.

Woran liegt das?
Das ist ein absolutes Geheimnis. Es ist einfach so.

Träumt man das vielleicht auch, weil man sich genau das wünscht?
Wenn Trauernde vom Verstorbenen träumen, verstehen das viele so, als wäre ihnen der Verstorbene im Schlaf erschienen. Und er ist ihnen im Traum ganz wirklich erschienen: als eine innere Gestalt. Unser Gefühl für den Verstorbenen lässt uns diesen Menschen im Traum erscheinen. Insofern kann das eine Wunschvorstellung sein, es möge dem Verstorbenen gut gehen, es kann aber auch bedeuten, dass die Trauerarbeit so weit gediehen ist, dass man mit dem Verlust leben kann. Und ich glaube, wenn der Verstorbene wieder gesund ist im Traum, heißt das, meine Beziehung zum Verlust hat sich verändert. Es ist jetzt nicht mehr diese schreiende Verzweiflung, sondern es ist ruhiger geworden.

Manche Eltern sprechen mit ihrem verstorbenen Kind und glauben auch Zeichen zu erhalten.
Ich denke, alle Menschen führen einen inneren Dialog mit dem Verstorbenen. Und es gibt auch die Idee, dass Verstorbene einem

in besonderen Situationen beistehen. Ich kann mir vorstellen, dass auch ein Kind zu so einem inneren Helfer werden kann. Aber diese inneren Helfer und Helferinnen müssen sich verändern dürfen. Wenn sie immer gleich bleiben müssen, dann stabilisiert man einen Zustand und blockiert den Trauerprozess eher.

Ist es nicht schwierig für die Geschwisterkinder, wenn die Eltern so eine besondere Beziehung zu dem toten Kind haben?
Doch, durchaus, das kann schwierig sein. Denn die anderen Kinder werden größer, werden auch mal lästig, kommen in die Pubertät – und zu diesem einen Kind, das nicht mehr lebt, besteht eine Beziehung fast wie zu einem Gott. Werden die lebendigen Kinder mit einem verstorbenen verglichen, tut das den lebendigen Kindern nicht gut. Es tut ihnen aber auch nicht gut, wenn über das verstorbene Geschwister nicht gesprochen wird. Die Kinder spüren das. Sich immer wieder über dieses schicksalhafte Ereignis in der Familie auszutauschen, aber auch den Wert der lebendigen Kinder zu sehen, das ist eine große Herausforderung, die vielen Familien auch gelingt.

Einige Eltern berichten, dass sie sich große Sorgen um ihre verbliebenen Kinder machten, weil sie zunächst keine Trauer zeigten. Oft wurden sie erst traurig, als es den Eltern wieder besser ging.
Das ist doch sehr liebevoll, oder?

Aber übernehmen die Kinder damit nicht einen Part, den eigentlich die Eltern leisten müssten?
Ja, aber in der Trauer gehen immer die voran, denen es noch am besten geht. Und Kinder trauern anders als Erwachsene. Sie spielen in einem Moment noch wild Fußball – und im nächsten Moment sind sie traurig. Bei Kindern ist Trauer eher punktuell. Man sollte sie auch nicht auf einen Erwachsenen-Trauerprozess hin verpflichten. Zumal Eltern nur können, was sie in dem Mo-

ment können. Dieses »Ich muss alles gut machen« ist eine totale Überforderung. Und ich finde, man muss auch aufpassen, dass nicht alles nur von den Eltern gefordert wird. Es gibt ja immer auch noch andere Menschen drumherum. Zu mir kam einmal eine Frau, deren Mann durch einen tragischen Unfall getötet worden war. Sie hatte drei Jungs und machte sich Sorgen, weil sie meinte, einer von ihnen würde nicht trauern. Es stellte sich dann allerdings heraus: Er trauerte nicht zu Hause, er trauerte aber in der Schule. Er blieb oft einfach ein bisschen länger und sprach mit seinem Lehrer. Nur hatte der der Mutter des Jungen davon nichts erzählt. Vielleicht können Eltern also nach anderen Ressourcen schauen, wenn sie das Gefühl haben, sie können ihrem Kind gerade nicht helfen.

Meinen Sie damit auch therapeutische Unterstützung für die Geschwisterkinder?
Das muss nicht immer nötig sein. Aber Tatsache ist: Kinder haben es nicht gern, wenn ihre Eltern traurig sind. Sie haben Angst, sie dadurch zu verlieren. Und wenn vorher schon die Sorge um ein krankes Geschwisterkind bestand und die Eltern viel ausbalancieren mussten, dann kann es eine gute Idee sein, sich relativ bald Unterstützung zu organisieren. Vermutlich braucht man bei einer Familientherapie auch gar nicht viele Sitzungen. Die Kinder könnten aber auch zu einer Spieltherapie gehen. Denn sie haben ja ein eigenes schwieriges Thema zu bewältigen. Sie haben ein Geschwister verloren – und das heißt für das Kind: Wenn mein Bruder, meine Schwester sterben kann, kann ich auch sterben. Das beunruhigt, ist ein Einbruch in das Grundvertrauen ins Leben. Normalerweise sterben Omas und Opas, und das ist in Ordnung für die Kinder, weil die eben alt sind. Aber sobald jemand stirbt, der das gleiche Alter hat, wird eine Grundgeborgenheit im Leben erschüttert. Ich glaube, die Gefühle, die daraus entstehen können, werden oft unterschätzt.

Und wenn das Kind keine Therapie machen will? Sollte ich es dann zwingen?
Nein, aber Eltern können Angebote machen. Wenn sie von diesem Angebot überzeugt sind, sind es die Kinder meistens auch. Man sollte es dem Kind auch nicht zu leicht machen. Man könnte dem Kind zum Beispiel sagen: Ich finde es gut, wenn du das jetzt machst. Und ich möchte, dass du da zwei-, dreimal hingehst. Wenn es dir dann wirklich nicht passt, dann lassen wir es wieder.

Nicht nur Eltern und Kinder – auch Paare trauern oft sehr unterschiedlich.
Stimmt. Ich erinnere mich zum Beispiel an ein Ehepaar, das ein Kind verloren hatte und zu mir zur Paartherapie kam. Die Frau trauerte heftig, und der Mann war ganz kalt und aktiv. Sie fand ihn gefühllos und dachte: Was habe ich da bloß für einen Zombie geheiratet. Nach der ersten Sitzung bat ich beide, einmal einzeln zu mir zu kommen. In seiner Sitzung erzählte der Mann: »Mich zerreißt die Trauer. Aber meiner Frau geht es schon so schlecht. Wenn ich jetzt auch noch trauern würde, würden wir beide miteinander untergehen.« Er weinte heftig. Ich habe ihm deutlich gemacht, dass er meint, die Beziehung durch sein Verhalten zu stabilisieren, tatsächlich aber genau das Gegenteil passiert. Genau daran könne seine Ehe kaputtgehen. In der nächsten Stunde hat er seiner Frau erzählt, wie furchtbar alles für ihn ist und dass er nachts zwischen zwei und vier Uhr weint, weil er weiß, dass sie dann sicher schläft. Das war der Durchbruch in der Beziehung und im gemeinsamen Trauern.

Das heißt: Gefühle zeigen und gemeinsam aushalten schafft Nähe?
Genau. Aber diese Nähe entsteht natürlich auch nicht bei allen. Manche Paare zerreißt die Trauer um ein Kind.

Viele Trauernde reagieren auch mit körperlichen Beschwerden auf den Verlust.
Ja, Trauer zeigt sich eigentlich immer auch psychosomatisch. Einige schlafen schlecht. Andere haben keinen Appetit oder einen Stressbauch. Viele leiden auch unter Vergesslichkeit. Wobei das eigentlich kein körperliches Symptom ist, man ist eben nur auf dieses eine emotionale Ereignis fokussiert und weiß dann beispielsweise beim Autofahren plötzlich nicht mehr, wo man hinwollte.

Geht das denn von allein vorbei? Oder sollte man dagegen etwas unternehmen?
Das geht normalerweise von allein vorüber. Aber ich finde, Spaziergänge helfen. Denn eigentlich geht in dem Moment ja nichts mehr im Leben. Aber wenn ich dann Schritt für Schritt gehe, dann bewege ich mich und damit bewegt sich etwas in mir. Das tut gut und regt den Körper an.

Sie nennen es »Besorgnisarbeit«, die Trauer vor dem Tod, wenn wir wissen, dass jemand, den wir lieben, sterben muss, weil er krank oder behindert ist. Kann man sich überhaupt auf den Tod eines Menschen vorbereiten?
Einen Teil der Trauerarbeit kann man leisten. Aber diese Abwesenheit eines Menschen – die kann man nicht vorwegnehmen. Dass wir von einem Moment auf den nächsten tot sind, das ist etwas Ungeheuerliches, das können wir uns nicht vorher vorstellen. Der Tod ist ein Mysterium.

Ist es deshalb so wichtig, dass Eltern ihr totes Kind noch mal sehen, weil sie es sonst einfach nicht glauben können?
Ja. Wir Menschen ersetzen mit Fantasien, was wir nicht wahrnehmen können. Deshalb sollte man das verstorbene Kind wenn möglich noch einmal anschauen, selbst wenn es durch einen Un-

fall verunstaltet ist. Kein Anblick ist so schlimm wie der Nichtanblick.

Wenn man einen so schweren Abschied nun hinter sich gebracht hat, ist man dann geübter im Umgang mit Verlusten oder Schicksalsschlägen?
Ich glaube, die Übung besteht nur darin, dass man weiß: Man überlebt es. Und man weiß auch, *wie* man darüber hinweggekommen ist. Diese Krisenkompetenz hilft. Aber es ist nicht so, dass ein neuer Verlust weniger wehtut. Der Schmerz ist derselbe. Man kann nur besser mit ihm umgehen.

Interview: Silke Baumgarten

Von den Eltern empfohlene Trauerliteratur

Althaus, David: *Zeig mir deine Wunde. Geschichten von Verlust und Trauer*. C. H. Beck: München 2015

Burpo, Todd: *Den Himmel gibt's echt. Die erstaunlichen Erlebnisse eines Jungen zwischen Leben und Tod*. SCM Hänssler: Holzgerlingen 2015

Cabobianco, Flavio M.: *Ich komm' aus der Sonne. Ein Kind erinnert sich an den »Himmel«*. Ch. Falk-Verlag: Seeon-Seebrück 1994

Canacakis, Jorgos/Bassfeld-Schepers, Annette: *Auf der Suche nach den Regenbogentränen. Heilsamer Umgang mit Abschied und Trennung*. C. Bertelsmann Verlag: München 1994

Canacakis, Jorgos: *Ich begleite dich durch deine Trauer. Lebensfördernde Wege aus dem Trauerlabyrinth*. Kreuz-Verlag: Freiburg/Br. 2013

Devita-Raeburn, Elizabeth: *Das leere Zimmer. Weiterleben nach dem Verlust eines Bruders oder einer Schwester*. mvg Verlag: München 2005

Didion, Joan: *Das Jahr magischen Denkens*. List: München 2008

Ennulat, Gertrud: *Kinder trauern anders. Wie wir sie einfühlsam und richtig begleiten*. Herder Spektrum: Freiburg/Br. 2003

Friedrich, Bärbel/Korgiel, Elisabeth (Hrsg.): *Warum nur, Gott? Glaube und Zweifel nach dem Tod eines Kindes*. Gütersloher Verlagshaus: Gütersloh 2013

Fritsch, Julie: *Unendlich ist der Schmerz. Eltern trauern um ihr Kind*. Kösel: München 1995

Fromme, Claudia: *So fern und doch ganz nah. Über das Leben, den Tod und das ewige Band der Liebe*. Masou: Neumünster 2014

Giebert, Giebert: *Das Mädchen hinterm Regenbogen*. Heimdall: Rhein 2010

Green, John: *Das Schicksal ist ein mieser Verräter*. dtv: München 2014

Groben, Joseph: *Requiem für ein Kind. Trauer und Trost berühmter Eltern*. Dittrich: Berlin 2001

Hemmerich, Fritz Helmut: *In den Tod geboren. Ein Weg für Eltern und Helfer bei Fehlgeburt, Abbruch, Totgeburt*. Hygias-Verlag, 2000

Hohn, Petra: *Plötzlich ohne Kind*. Gütersloher Verlagshaus: Gütersloh 2008

Jannes, Kim-Anne: *Das Jenseits und die geistige Welt. Meine Arbeit als Medium*. Knaur MensSana: München 2011

Kachler, Roland/Majer-Kachler, Christa: *Gemeinsam trauern – gemeinsam weiter lieben. Das Paarbuch für trauernde Eltern*. Kreuz-Verlag: Freiburg/Br. 2013

Kachler, Roland: *Meine Trauer wird dich finden. Ein neuer Ansatz in der Trauerarbeit*. Kreuz-Verlag: Freiburg/Br. 2005

Karunaratna, Ilse: *Wir sehen uns im Himmel. Die letzten drei Jahre mit unserer Tochter*. Christliche Verlagsgesellschaft: Dillenburg 2014

Kast, Verena: *Trauern. Phasen und Chancen des psychischen Prozesses*. Kreuz-Verlag: Freiburg/Br. 1984

Kast, Verena: *Sich einlassen und loslassen. Neue Lebensmöglichkeiten bei Trennung und Trauer*. Herder: Freiburg/Br. 1994

Kämper, Harriet/Pfahl, Birgit: *Mit Trauer leben. Hilfe für verwaiste Eltern und Geschwister.* Ellert & Richter: Hamburg 2008

Kübler-Ross, Elisabeth: *Was der Tod uns lehren kann.* Knaur MensSana: München 2010

Kübler-Ross, Elisabeth: *Über den Tod und das Leben danach.* Die Silberschnur: Güllesheim 1984

Kujacinski, Dona: *Unser Kind ist tot. Mütter und Väter erzählen von Verlust, Schmerz und Hoffnung.* Bastei Lübbe: Köln 2014

Kushner, Harold S.: *Wenn guten Menschen Böses widerfährt.* Gütersloher Verlagshaus: Gütersloh 2010

Lothrop, Hannah: *Gute Hoffnung – jähes Ende. Fehlgeburt, Totgeburt und Verluste in der frühen Lebenszeit.* Kösel: München 2016

Mankell, Henning: *Der Chronist der Winde.* dtv: München 2002

Maris, Bartholomeus: *In Liebe empfangen – und dennoch gegangen. Bewältigung und Sinnfindung bei Fehlgeburten.* Urachhaus: Stuttgart 2007

Pachl-Eberhart, Barbara: *Vier minus drei. Wie ich nach dem Verlust meiner Familie zu einem neuen Leben fand.* Integral: München 2010

Patell, Anna: *Dilip. »Wir sterben doch nicht der Reihe nach«.* Satzwerk: Göttingen 2003

Paul, Chris: *Warum hast du uns das angetan? Ein Begleitbuch für Trauernde, wenn sich jemand das Leben genommen hat.* Goldmann: München 2012

Pohl, Peter/Gieth, Kinna: *Du fehlst mir, du fehlst mir!* Hanser: München 1994

van Praagh, James: *Im Himmel zu Hause. Was Kinderseelen über das Leben nach dem Tod berichten.* Heyne: München 2014

Rode, Bettina-Suvi: *Von Libellen, Schmetterlingen und dem Tanz auf dem Regenbogen. Jenseitsbotschaften von Kindern, Eltern und Geschwistern.* Allegria: Berlin 2014

Schiff, Harriet S.: *Verwaiste Eltern*. Kreuz-Verlag: Freiburg/Br. 1997

Schins, Marie-Thérèse: *Und wenn ich falle? Vom Mut, traurig zu sein*. dtv: München 2001

Schlitter, Sandra/Schlitter, Reinhard: *Mirco: Verlieren. Verzweifeln. Verzeihen*. Adeo: Asslar 2012

Schroeter-Rupieper, Mechthild: *Für immer anders. Das Hausbuch für Familien in Zeiten der Trauer und des Abschieds*. Patmos: Ostfildern 2009

Stehle, Katrin: *Tims Briefe*. Heinrich Ellermann: Hamburg 2000

von Stülpnagel, Freya: *Warum nur? Trost und Hilfe für Suizid-Hinterbliebene*. Kösel: München 2013

von Stülpnagel, Freya: *Ohne dich. Hilfe für Tage, an denen die Trauer besonders schmerzt*. Kösel: München 2012

Thomése P.F.: *Schattenkind*. Berlin Verlag: Berlin 2004

Verwaiste Eltern München e.V. (Hrsg.): *Überall deine Spuren. Eltern erzählen vom Tod ihres Kindes*. Don Bosco: München 2000

Voss-Eiser, Mechthild: *Noch einmal sprechen von der Wärme des Lebens. Texte aus der Erfahrung von Trauernden*. Dörfler: Eggolsheim 2012

Wiese, Anja: *Um Kinder trauern. Eltern und Geschwister begegnen dem Tod*. Gütersloher Verlagshaus: Gütersloh 2001

Penguin Random House Verlagsgruppe FSC® N001967

4. Auflage 2024

Lektorat: Imke Oldenburg, Bremen
Umschlag: Weiss Werkstatt München
Umschlagmotiv: © white snow/Shutterstock.com
Druck und Bindung: GGP Media GmbH, Pößneck
Printed in Germany
ISBN 978-3-466-31074-6
www.koesel.de